童心书系列

读书启示录卷

三色蝴蝶在飞

张锦江 著

中国中福会出版社

给孩子留下记忆的书

自　　序

　　这是一套为孩子写的书。题为"童心书系列",共三卷。这套书写作的时间跨度整整 40 年。这些作品都是选取流传广泛、至今仍为孩子记住的精品、名篇。

　　《海上奇遇记》有 11 个系列短篇小说和 1 个中篇小说。其中最早的一篇写于 1979 年,刊于 1979 年第 12 期的《儿童时代》,并获得全国小说征文奖,合集获得国家儿童图书奖。这是我写海洋小说的开端之作,之后我的海洋小说一发不可收,主要刊于《当代》《小说家》《长江》等大型刊物上,都是成人小说,并陆续出版了长篇小说《海王》、中篇小说集《海蛇》《海葬》等而享誉文坛,成为中国海洋小说的代表作家,被著名学者、俄罗斯文学翻译大家王智量称为"中国的康拉德(英国著名海洋小说家)",同时我也专为孩子写下海洋系列小说,陆续在《儿童时代》《少年文艺》《少年日报》《小溪流》等刊发表,其中《斗鲨记》曾获得中国儿童文学泰斗陈伯吹先生的称赞,他写下这样一段话:"《斗鲨记》也是一场人和鲨鱼的激烈的斗争,两个小水兵凭着勇气,凭着武艺,更重要的是凭着智慧与经验,战胜了鲨群。作品中还蕴藏着不少有关海洋的、生物的知识,确是一篇能够引人入胜的作品。更应该指出的,题材新鲜,不同凡响,小读者将

饶有兴趣地读完它。是呵,题材,技巧,都是文学创作上的重要'角色',包括细节的构思,语言的艺术,在演出的'舞台'上都是缺一不可的。创作是个艰巨的工作啊。"(摘自四川少年儿童出版社1983年1月第一版《倒过来讲的故事》陈伯吹写的前言)就这样我先后共写了10篇,合集为《海上奇遇记》,1986年2月由重庆出版社出版,首印11 000册,成为当年孩子们喜爱的书。此次出版,增写了一篇《毙盗记》。这样,系列短篇小说共11篇,另外还增补了一个独立的中篇小说《沉船之谜》,从而合成了新的《海上奇遇记》。

《一个站着死的男孩》中包含报告文学、小说、散文三部分。其中,报告文学《一个站着死的男孩》最早刊于1992年第1期的《少年文艺》头篇。一个少年顽强地死去,感动了无数读者,编辑部收到了大量读者来信。这篇作品已发表26年,至今仍在网上悄悄地流传着,许多孩子还在写读后感,它影响了一代又一代孩子。这篇作品被收入《中国文学大系》《陈伯吹儿童文学奖获奖精品集》《感动共和国儿童的纪实报告》《100个当代少年的风采》《中国当代儿童文学精品库》《改革开放三十年的中国儿童文学》等各种版本的文集中,并被翻译成希腊文,两次入选《儿童文学选刊》。小说部分选了一个中篇《失踪的鱼鹰》,这是一部充满乡土诗味与梦幻的小说。《没有天空的城市》是近作,实属怪异小说。《无名大侠》被收入《中国当代儿童文学名篇》《中国当代儿童文学精品选粹》。散文部分,其中《拉手风琴的男孩》《古巷童谣》《纸凤凰》入选《儿童文学选刊》。《古巷童谣》入选《中国当代儿童文学名家名作精选集》"《少年文

艺》60年金品典藏书系"《名报副刊精华·大家小品荟萃》。《鼓楼童音》《纸凤凰》入选《中国当代儿童文学精品选粹》。《一只蛐蛐儿不会叫》《老槐树童语》入选《中华最佳原创少年文学读本》。《童宠纪事》入围冰心儿童文学新作奖。这些精选的报告文学、小说、散文,或是写的亲人,或是写的童年纪事,或是写的亲身经历,它们都有自己生活的生命轨迹,而不是一般可以随意虚构臆造的文字,它们充溢着我真实的情思与感悟,我很珍惜这些用真诚的心灵写下的文字。

《三色蝴蝶在飞》是一本给孩子、家长、老师读的读书启示录。这不是通常的读书笔记或者读书研究文字。它是"走万里路,读万卷书"的一种探索实践的结合,每篇都有我的足迹,这足迹是追寻着世界顶级作家创作历程的亲身感悟或者是与自己创作紧连的所思所想,它是活的读书,或者是有生命的读书启示记录。我在美国西部每天驱车500公里,走《绿野仙踪》的路;我在欧洲文艺复兴的摇篮意大利的佛罗伦萨,踏着磨得闪亮的古石板小道《面觐但丁》,在工艺小店捧玩科洛迪《木偶奇遇记》中的木头玩偶匹诺曹;我在英国湖光山色的温德尔湖聆听波特夫人的《彼得兔的故事》;我在瑞典的斯德哥尔摩的"六月坡"与"童话祖母"林格伦的《长袜子皮皮》相遇;我在挪威的松娜峡湾见到了山妖、树精的童话原型;我在丹麦的西兰岛朗厄里尼港哥本哈根入海口的小美人鱼塑像前注视着小人鱼的那双忧伤的眼睛;我在土耳其奇特的蓝色清真寺想起了古代阿拉伯民间故事集《一千零一夜》;我在德国的新天鹅堡、黑森林、滴滴湖见证了《格林童话》中白雪公主和七个小矮人的生活场景;我在英

格兰伦敦以西180公里的斯特拉福古镇《亲近莎翁》;我在德国汉堡市政广场海涅的塑像前徘徊,望着塑像优雅的身影回味海涅的《诗歌集》;我在西班牙的龙达小镇偶然发现了美国作家海明威的足迹,想起他写斗牛士的小说《没有被斗败的人》;我《在希腊与神面对面》;我在法国巴黎圣母院《仰望雨果》;我在美国旧金山《感悟杰克·伦敦》……我就这么满世界地走着,亲近他们,感悟他们,写下他们,把书读活。

2017年六七月间,我参加了上海交通电台暑期为男孩与女孩各荐八本书的活动,我写下了四篇短文:《三色蝴蝶在飞》《施皮里夫人温暖的笔》《寓言式的小老鼠与小矮人的故事》《机警可爱的埃米尔》。其中《三色蝴蝶在飞》发表在《新民晚报》却成了头条新闻,影响颇大,这是意想不到的事,所以,就有了这本书的书名《三色蝴蝶在飞》。

我在写"童心书系列"这篇自序时,正值立夏刚过,我家阳台上的蓝鸟花一朵一朵地盛开着,花朵是那般精致惊艳。我觉得,这花人见人爱。我也期待着这套丛书像蓝鸟花一样给孩子们带来惊喜,留下美好的记忆。

写下此序,为书作引。

2018年5月7日下午
完稿于坤阳墨海居

目录

自序

- 1 三色蝴蝶在飞
- 4 施皮里夫人温暖的笔
- 8 寓言式的小老鼠与小矮人的故事
- 11 机警可爱的埃米尔
- 15 笛福与鲁滨逊、海盗
- 19 洛蒂与《冰岛渔夫》
- 22 埃菲尔铁塔与莫泊桑
- 24 海涅的《北海》
- 27 海明威的《老人与海》
- 34 在希腊与神面对面
- 41 面觑但丁
- 45 仰望雨果
- 55 亲近莎翁
- 68 歌德的诗音
- 71 感悟杰克·伦敦
- 76 寻找川端康成笔下的伊豆舞女

童心书系列

80	这只神秘的金鸟
84	不让童年缺憾的书
89	小人鱼
99	山妖与树精
105	皮皮
113	彼得兔
117	木偶匹诺曹
125	绿野仙踪

三色蝴蝶在飞

1

胡安·拉蒙·希梅内斯

三色蝴蝶在飞

三年前10月里的一天,我在西班牙安达卢西亚一个不知名的小镇街头,想起了希梅内斯先生。

希梅内斯先生是一个没有什么社交活动的人。他是西班牙一位颇有名望的诗人。他在自己的家乡安达卢西亚临近地中海的一个叫做莫格尔的地方居住过一段时期,那时节他仅有的伙伴,就是一头银白色的小毛驴。他给小毛驴起了一个名字,叫做"小银"。在这段孤独寂寞的日子里,他骑着小银在松树丛中拍手、唱歌、吆喝,他与小银在橘子花的香

气里散步,他与小银在长满洁白雏菊的草地上一起读十四行诗,他对小银讲小时候他家帮工阿妮雅扮鬼的故事,他给小银讲所见所闻,讲人生也讲梦。他们的关系是主仆,也是父子、兄弟、师徒和好朋友。他与小银形影不离,相伴相依,他骑着小银走,竟把自己忘掉了,仿佛小银就是他的身体,他相信小银做的梦也与他一样。他觉得小银是他的慰藉,是他的感情寄托,他决定写小银。他前后花了7年时间,写下了一本散文诗集《小银和我》,这本书成了希梅内斯先生的代表作,希梅内斯先生也因此成为1956年诺贝尔文学奖的得主。

《小银和我》中莫格尔玫瑰飘落的田园风光是那般迷人,小毛驴在黄昏时的紫色影子是那样柔美,朦胧中的白蝴蝶的奇异销魂的语言是那么不可思议,乡村小院的树是那样真实、高贵、优雅,看一眼就能使人清凉。

希梅内斯先生说:"小银长得瘦小、多毛、温驯,外表看起来是那么柔软,好像全身都是棉花,没有骨头。只有镜子一样的漆黑眼珠是硬的,像两只黑水晶甲虫。"

希梅内斯先生与小银去牧马场的路上,小银的脚掌被刺伤了。一根青色的橘木长刺扎在那里,"像一把翡翠小刀",小银的痛苦使他难受,他把刺拔掉之后带着小银走到长着黄百合的溪水边,"让流水用清凉的长舌头舐可怜的小东西的伤口"。

希梅内斯先生告诉小银,他曾养过一条叫"爵爷"的小狐狸狗。这条

狗长着白色的毛,夹带一些黑蝴蝶的斑点。它的"明亮的眼睛,像两个有着高贵情感的小洞,有点神经质"。希梅内斯先生父亲去世的时候,"爵爷"在灵柩旁守了一夜。有一次母亲生病,"爵爷"也在床脚待了一个月。终于,有一天"爵爷"被另一条疯狗咬了,"爵爷"只能被送到"大堡垒"酒坊,拴在橘子树下,远离人群。希梅内斯先生动情地对小银说:"它走出巷子的时候,不断转头回望的眼光,到现在使我心痛,小银呀,像死去的星,它的光会因为极度伤痛,超越自己的消亡,而永远亮着……"

  希梅内斯先生与小银或悠闲或匆匆地走进了《对面的房子》《红色风景》《小山》《旧坟场》《里贝拉街》《幼稚园》;倾听着《夜曲》《摇篮曲》《蟋蟀的歌》《牧歌》;品尝着《面包》《桃子》《酒》《松果》;欣赏着《日蚀》《山火》《烟火》《月亮》;从《黄昏》走到《黎明》;从《春天》走到《夏天》,走到《十月的下午》,直到《冬天》;看到了《疯子,傻瓜》《教区神父荷塞先生》《魔鬼》《匈牙利浪人》《三个老妇人》《斗牛》《希腊海龟》《金丝雀死了》;见证了莫格尔小镇的兴衰……希梅尔斯先生写下 177 篇独立成章的散文诗,汇集成一本《小银和我》,勾画了 177 幅奇异的画卷。最后,小银吃了有毒的草死了,"静悄悄的厩房里有一只美丽的三色蝴蝶在飞",小银幻化成安达卢西亚不死的灵魂。

2017 年 6 月 30 日下午完稿于坤阳大厦墨海居

施皮里夫人
温暖的笔

约翰娜·施皮里

　　那一年我在德国登上阿尔卑斯山的山顶,从山顶可看到另一侧的瑞士,我在寻找瑞士一侧曾上演的那个故事。

　　一阵杉树的呼啸声让六岁的女孩海蒂欣喜若狂,这孩子对大自然特别敏感,经过心灵互动,她一下子爱上了这个远离人烟的阿尔卑斯山高山牧场……

　　这个小女孩海蒂就是瑞士杰出的女作家施皮里夫人笔下的人物。

这本题为《海蒂》的长篇儿童小说是她的代表作,一经问世就风靡世界,从1879年至1881年出版至今,"历经百载,依然年轻",被认为是世界十部最佳儿童文学作品之一。

倘若你捧读《海蒂》这本小说,你好似听到施皮里夫人用柔美而细腻的声音,在讲述小女孩海蒂平常而迷人、美好而温暖的故事。

阿尔卑斯山的高山牧场有一座孤独的小茅屋,住着海蒂的爷爷。可怜的孤儿海蒂被她的姨妈送到了这里,从此小女孩与这个性格怪僻的老人一起相伴。

海蒂第一次见到爷爷,眼睛眨也不眨一下,盯着看,她觉得爷爷的样子很奇怪:胡子那么长,浓浓的灰白色的眉毛在前额中间连在一起,看起来像一丛灌木。多弗里村的村民都喊他阿尔姆大叔。爷爷经过一段伤心事后,变得沉默寡言、脾气暴躁而不愿与人接近,从此远离村落,在高山牧场孤居。

爷爷觉得海蒂是个聪明的孩子,海蒂给他带来了快乐。在爷爷这里,一切都让海蒂那么惊奇,譬如,爷爷在茅屋的顶棚上用干草为她铺了一个小床,干草散发出清香,床头还有一个圆形的窗户,可以见到明亮的月亮。爷爷收拾羊圈,用锤子、钉子和木块来修门窗和做椅子。爷爷养了两只羊,一只白的叫"小天鹅",一只褐色的叫"小熊"。

海蒂在这里认识了小羊倌彼得,以及彼得的妈妈与瞎眼奶奶。有一

天,小羊倌赶着羊群与海蒂上了高山牧场。这是一个多么美好的时刻呀,只见四周一片寂静,只有微风轻轻地柔和地吹拂着温柔的蓝色风铃花和绚丽的金色山玫瑰,这些鲜花在它们那细细的花梗上轻轻地欢快地摇曳着。前方有一片辽阔的雪原,一直延伸到湛蓝的天际。老鹰在空中盘旋。在牧场海蒂认识了羊群的每一只羊,比如长着大犄角的"巨无霸"、勇敢的"金丝雀",还有一只叫着"小白雪"的小山羊……海蒂为高山牧场的美丽奇异而兴奋,这些成了她永恒的美的记忆。当看不到这一切的时候,海蒂会发疯地思念它。而生活中居然就有这样的事,她的姨妈突然把她从高山牧场带走了,她被安排去了法兰克福给一位坐轮椅的瘫痪女孩克拉拉做玩伴。这是一段难熬的日子,她听不到杉树的呼啸声,她见不到高山牧场的美好景色,她的思念使她得了夜游症,虽然克拉拉,还有她的爸爸与奶奶待海蒂都很好,海蒂与克拉拉也成了好伙伴,但海蒂还是想回到山上去,她的思念使她变得很瘦很虚弱,法兰克福她一天也待不下去了,是一位友善的医生拯救了她,使她重新回到了日思夜想的爷爷的山上小茅屋。

　　海蒂像一束温暖的阳光,她的善良、纯真、开朗感动着爷爷、小羊倌、瞎眼奶奶、克拉拉,使爷爷回归到了乡亲中间不再孤僻,小羊倌不再逃学,瞎眼奶奶有了生活的勇气,克拉拉丢掉轮椅重新站立了起来。这一个一个温暖的故事,让读者的心灵涌动着一股暖暖的热流。

当一百多年岁月匆匆过去,当读过《海蒂》的人去到阿尔卑斯山,他们都在寻找着高山牧场的那座小茅屋,寻找着那个可爱的小海蒂,都在问:小海蒂,你在哪里?

2017 年 7 月 11 日下午写于坤阳国际墨海居

寓言式的小老鼠与小矮人的故事

斯宾塞·约翰逊

有一本书叫《谁动了我的奶酪?》,写书的是美国医学博士斯宾塞·约翰逊。他是享誉全球、深孚众望的思想先锋,也是演说家和作家。他写过许多畅销世界的书,《谁动了我的奶酪?》是其中一本。这是一本有趣而提醒人们在生活中获得简单真理的寓言故事书。

《谁动了我的奶酪?》的故事开头是这样写的:

从前,在一个遥远的地方,住着4个小家伙。为了填饱肚子和享受

三色蝴蝶在飞

乐趣,他们每天在不远处的一座奇妙的迷宫里跑来跑去,在那里寻找一种叫做"奶酪"的黄澄澄、香喷喷的食物。

有两个小家伙是老鼠,一个叫"嗅嗅",另一个叫"匆匆"。另外两个小家伙则是小矮人,他们和老鼠一般大小,但和人一个模样,而且他们的行为也和我们今天的人类差不多。他俩的名字,一个叫"哼哼",另一个叫"唧唧"。

由于他们4个实在太小了,他们在干什么当然不会引起旁人的注意。但如果你凑近去仔细观察,你会发现许多令人惊奇不止的事情。

发生这些令人惊奇的事情的根本原因就在于这4个小家伙寻找"奶酪"的不同细节上。两个小老鼠,嗅嗅和匆匆,总是运用简单低效的反复尝试的办法找奶酪。而两个小矮人,哼哼和唧唧,则运用他们的思考能力,从过去的经验中学习,他们靠复杂的脑筋,搞出了一套复杂的寻找奶酪的方法。

虽然,这4个小家伙第一次的寻觅有了一个共同的结果,找到了奶酪C站。然而,这也是4个小生灵迷宫奇历的分手站。日子一天天过着,两个小老鼠早就嗅到奶酪C站的变化,这个奶酪天堂的奶酪由于他们日久天长的享用变得越来越少了,这个变化使他们得出了一个简单的结论:他们决定随之变化,去迷宫深处寻找新的奶酪。而两个小矮人早已把奶酪C站当成安逸的家,他们无视眼前的变化,不认可变化中的危

机，依旧在空荡荡的屋子呆着，只能吼叫、埋怨、发牢骚或者唉声叹气反复着一句话："谁动了我的奶酪？"他们愤愤不平，很觉冤屈，在饥饿中幻想着有人把他们失去的奶酪送过来。而小矮人唧唧经过痛苦而反复的思考，终于走出了失去奶酪的屋子，去迷宫的深处继续寻找新的奶酪。唧唧适应改变了的现实，在迷宫中一路走一路反思自己的所作所为，并把一些刻骨铭心的话写在迷宫的壁上。究竟唧唧写的是哪些话呢？他对我们有什么启示呢？最后两个小老鼠结局怎样？还有小矮人哼哼是否还在原来的空房子里坚持不改变自己的想法在等着饿死呢？我们对照一下，自己是唧唧、哼哼，还是嗅嗅和匆匆呢？

　　书中都写着，需要思索与寻找。

埃里希·克斯特纳

机警可爱的埃米尔

亲爱的读者,你知道埃米尔吗?这可是一个勇敢的小男孩呀。德国作家克斯特纳为这个小男孩写过一本小说叫做《埃米尔擒贼记》。克斯特纳正是世界闻名的德国当代儿童文学作家呢,他的作品还有《小圆点和安东》《飞翔的教室》和《两个小绿蒂》等,这些作品大都被搬上舞台,或拍成电影,受到了许多国家观众的欢迎。因此,克斯特纳曾在1960年获得了国际安徒生儿童文学奖。

现在说说《埃米尔擒贼记》吧。这是克斯特纳最有名的一部儿童小

说。早在 20 世纪 30 年代就被译成中文,当年的小读者,如今都已白发苍苍了,但一提起埃米尔,他们仍然记忆犹新,眼前马上会浮现出一个活生生、机警可爱的埃米尔的形象来。

亲爱的读者,要是现在跟你们说,埃米尔这位四五年级的小学生是一位模范儿童,你们能理解吗?你们会觉得好笑吗?你们看,他多么爱他的妈妈呀,埃米尔五岁的时候,他那做白铁匠的爸爸就死了,他的妈妈当起了理发员,也就是说,给人理发、洗发、烫发,还要做饭,收拾屋子。他看到妈妈整天在那儿一刻不停地干活,要是自己只顾偷懒,那一定要羞愧死了。因此,他怎么能不好好做功课呢?怎么能抄别人的作业呢?如果不允许请假的话,他又怎么能逃学呢?他看到,他妈妈虽然理发收入很少,但妈妈总是想方设法让他也能得到别的同学所有的东西。在这种情况下,他怎么会欺骗妈妈,给她增添烦恼呢?!埃米尔是个真正的模范儿童,每逢复活节回家时,他能说一句:"妈妈,这是成绩单,我又是班里第一名!"就心满意足了。无论在学校里,还是在别的什么地方,他总爱听别人的夸奖,这不是为自己,而是为了让妈妈高兴。为了他,妈妈一辈子辛辛苦苦地工作着,现在他也能以自己的行为对妈妈的一片心意有所报答,他感到很自豪。

就是这个模范儿童,在假期到来的时候,妈妈让他离开家乡新城独自一人去柏林看望他的姥姥,还有姨妈的女儿——表妹波尼。临走前,

妈妈拿出三张钞票,这是140马克,一张100马克的,两张20马克的。妈妈对他说,这120马克给姥姥,剩下20马克留着买回程票与零用。妈妈特别用一个信封装着,再三叮嘱:你可给当心点,别丢了!埃米尔当然知道,这是妈妈辛苦省下来的钱,对于他来说,这可是一大笔钱。埃米尔想了想,就把装了钱的信封塞进上衣右边的内兜里,一直塞到底。但他还是不放心,又从外面拍拍蓝上衣才蛮有把握地说:这下它可跑不出来了。在去柏林的火车上,埃米尔几次摸右边上衣口袋,还是不放心,跑到厕所间,在衣领上找到一根别针,先用别针扎透了信封和三张票子,然后别在衣服里子上,把钱用针钉住了,他想,这回可万无一失了。结果,他在车厢里睡着了,待他醒来,他发现自己从椅子上跌了下来,躺在地板上。他摸摸口袋,钱没有了,只剩下别针,还把他左手食指扎出血来了。他的钱被偷了。他心疼妈妈辛辛苦苦地干了几个月才攒下的钱,他强忍住泪水,发誓一定要逮住这个可恶的混蛋。埃米尔断定这贼就是同车厢的那个戴礼帽自称格戈德的家伙。

　　后来的故事更精彩啦,埃米尔先是单枪匹马一个人在柏林跟踪这个戴礼帽的坏蛋,后来遇上了一个带汽车喇叭的男孩古斯塔夫,他只要在院子里按几下喇叭,就会来一群孩子,他是"总统"。这当中还有一个叫"教授"的男孩,他是指挥官,另一个最小的男孩叫"礼拜二"。他们帮助埃米尔一起举行了侦探集会、跟踪围捕、潜入旅馆,最后一群孩子把戴礼

帽的坏蛋围堵在银行里,小偷想把偷来的钱换成零钱销匿罪证,他拒不认偷,后来,埃米尔的别针立了功,钱上有针孔,小偷在罪证面前低下了头,他被抓了。警察一查,原来这小偷还是抢银行的大贼呢。埃米尔的照片登在报纸上,新闻报道的标题印的是特大号字体:小男孩当侦探!百余名柏林儿童追捕罪犯。

《埃米尔擒贼记》这本小说悬念丛生,紧张有趣而扣人心弦,小说的故事情节告诉我们:在生活中,一旦发生这类被小偷偷窃的事件,我们要像埃米尔一样沉着镇静,勇敢机智地去面对。

笛福与鲁滨逊、海盗

笛 福

笛福是英国作家,他的创作生涯起步很晚,他是59岁才开始从事写作的。他的不朽杰作《鲁滨逊漂流记》享誉世界。笛福与他的这部小说在欧洲小说史上是有相当地位的。《鲁滨逊漂流记》这部名著可以说是世界海洋文学的一部伟大的作品。它于1719年4月出版,到8月已经重版4次,到19世纪末有各种不同的版本和译本,甚至连仿作都已出了不下700种。

笛福写作这部名著是从一件真实的事情得到的启发。在18世纪,

童心书系列

一个英国船上的水手在航行中和船长发生了冲突,被遗弃在一个荒岛上。他在那里与人世完全隔绝,独自生活了四年多,才被一个航海家带回英国。这件事在当时社会上引起很大反响。从未写过什么文学作品的笛福,从这件事得到了很大启发,从而创作了《鲁滨逊漂流记》这部不朽的著作。曾有人说,笛福不过是取得了这个水手的手稿,并加以增补、修饰,敷衍成书而已。这种说法是没有根据的,也是对文学艺术的特点缺乏认识的。笛福自己却又暗示《鲁滨逊漂流记》是他自己一生经历的寓言,这种说法也未必是确当的。但是《鲁滨逊漂流记》确是与笛福的生活和思想密切相关的。笛福是新兴资产阶级的代言人,鲁滨逊就是按照他的理想造出来的人物,显出了《鲁滨逊漂流记》的时代烙印。笛福的一生正是处于资本主义原始积累时期,正是处于资产阶级政权臻于巩固的时期,也是手工场工业发展到机器生产的前夕。笛福属于中下层资产阶级,他的父亲是个小油烛商,笛福长大后做过小商人,经营过烟酒,开办过砖瓦厂,从事过政治活动,下过牢狱,直到59岁写作《鲁滨逊漂流记》,才使他一举成名。

《鲁滨逊漂流记》分为三部分,第一部分是鲁滨逊离家三次航行的经历;第二部分是小说的主体,写鲁滨逊在荒岛上的经历;第三部分是叙述鲁滨逊从荒岛回来以后的事情。第一、三部分都没有什么可取之处,鲁滨逊这个人物的一切特征主要是在第二部分得到了充分发挥,这一部分

是全书最吸引人的精华之处。当然作者明显说教的地方也有，一本《圣经》反复出现，是鲁滨逊获得精神力量的源泉。

《鲁滨逊漂流记》的价值，在欧洲批评家的眼里，至少有三点：一是《鲁滨逊漂流记》的"实录法"，奠定了笛福英国文学现实主义创始人的地位；二是笛福是一位心理学大师，他用一个表现英国人在生存斗争中的勇气的冒险故事来吸引国内读者；第三，从政治经济角度来看，它的价值是表达了"自然的"、文明的社会理想，或是在于小说中表现出了新的经济思想和新的经济阶级的兴起。

笛福除了《鲁滨逊漂流记》之外，还写了《船长辛格尔顿的生平、冒险和海盗行为》即《名盗谋劫录》（1724年版）。在写作《鲁滨逊漂流记》5年之后，这本书也成了极为畅销的书。这本书对海盗作了深刻的描绘，它所依据的材料来自海盗审讯记录抄本，以及对海盗的受难者和征服者的采访记录这样一些第一手资料。

有人说，海盗行业是继卖淫和行医之后，人类第三个最古老的职业。有记载说，古罗马共和国的最后100年间，地中海的海盗势力之强盛，使他们可以在罗马共和国本土的沿海连续掠劫400个城镇，把恺撒大帝俘虏达6个星期之久，甚至向罗马的统治扩张挑战。

笛福的这本书正是最后一次大规模绞死海盗两年之后出版的。他的关于海盗的书，被誉为"具有海盗的生活气息"，"敏锐地洞察了海盗的

精神世界"，书的主要细节经后来历史学家们的研究证明，绝大多数都是真实的。有人也指出他写得有些过于耸人听闻，说教太多。譬如，其中有一个黑胡子海盗，《名盗谋劫录》中有一幅插图，画着黑胡子全身黑装，挥着大刀，被称为"魔鬼的化身"，笛福是这么描绘黑胡子的："他的胡子像可怕的流星曳光一样，盖满了他的整个脸庞，他的胡子在美洲引起恐惧，比一颗在空中长时间出现的彗星所引起的恐惧更厉害。"他的胡子从来不剃，所以胡子长得又长又密，往下一直长到胸前，往上一直长到和眼睛一般高，为了显示他的胡子生长惊人，他把胡子编成小辫子，并且给一部分小辫子扎了彩带，把另一部分小辫子绕过耳朵垂到身后去。他每次参加战斗前，都要在帽檐下挂上点燃的火绳，这些长长的火绳，燃烧起来很慢，是用大麻绳蘸上硝石和石灰水做成的。这样的装饰其后果是吓人的。他的脸连同一双凶残的眼睛和一头蓬松缠结的头发，完全笼罩在火绳的烟雾中，看起来像是从地狱里钻出来的魔鬼。笛福就是这样描绘海盗的。

洛 蒂

洛蒂与《冰岛渔夫》

洛蒂并不能算法国的伟大作家,但他的《冰岛渔夫》却以对海的富有魅力的描绘吸引了整个法国和欧洲,它被译成多种文字,而且至今仍以这一特色在文学史上占有一席不容忽视的地位。

洛蒂从小迷恋大海,梦想将来能作为水手周游世界,后来他果然成了一名海军军官,从事海上职业达42年之久,他走遍了大西洋、太平洋、印度洋的沿海地带,到过许多国家,丰富的阅历触发了他的写作欲望。1879年他的处女作《阿姬亚黛》问世,获得意外的成功,使这位海军上尉一跃而成为文坛上的时髦人物。后来，洛蒂又写下了一系列作品，但最出色的作品还是《冰岛渔夫》。

洛蒂艺术上的成功之处，是他独到的景物描写，特别是对海的描绘，可以说至今没有第二个法国作家可以与之匹敌。这是由于洛蒂长年的海上生活，获得了描绘大海的绝对的、无可争辩的优势。正是由于这方面的成就，使他有别于那些昙花一现的时髦作家，而在文学史上取得了一席位置。

法国著名文学史家朗松称赞洛蒂是"文学领域的伟大画师之一"。他写道，那可不是一般人在海滨看见的阳光下蓝得可爱的海，而是性格复杂、喜怒无常、蕴藏着无限的力量和神秘莫测的意愿的海。这海有时温柔娴静，有时凶恶狂暴，有时严峻阴郁，有时清澈明朗……那雾气弥漫的北方的灰色的海，在一片白色的宁静中仿佛已经僵死，但顷刻间又会狂涛大作、巨浪翻滚的海……还有那碧蓝的南方的海，泛着红色波纹的红海……

他写海上的太阳，种种不同状貌的太阳，如冰岛夜半时分苍白而阴冷的太阳，赤道线上光华灿烂血红的太阳，多雨的布列塔尼地区所罕见的光线柔和的太阳……

他写海上的云、海上的雾，以及以各种不同形态运动着的、蕴含着不同意义的云和雾……还有风，或低声呻吟，或如野兽般嗥叫的风……还

有奇异壮观的海市蜃楼,以及种种变化无穷的海上奇景……海上一切光怪陆离的自然现象,一切可以遭遇的意外事故,都在他笔下以一种单纯、朴素的方式,娓娓动听地描述出来。

他对海的精确、逼真、具有真情实感的描绘,与那个时代以左拉、莫泊桑为代表的主流文学一样,主要来自直接的观察和精确的描绘,所以实质上是一种现实主义艺术。

但是,这仅仅是从外在的海的描绘上说的,其实洛蒂的海已带较多印象派色彩,他更强调感官的外在刺激,也就是主观感觉,对光色、气味、音响的感觉,然后,把自己的感觉再赋予人的灵魂,使海景带有某种象征性,使海与人的命运紧紧联系在一起,使海的形象具有了生命,使作品的内涵更丰富,产生更强烈的艺术效果。洛蒂的《冰岛渔夫》里面的人物虽也有某些特点,但总体上不够丰满,主要因素是他用的原型是他周围熟悉的水手,而对渔民生活并不熟悉,他笔下的渔民还是较概念化、抽象化的。他以对海的出色描绘以及对渔村外景的精确独到的刻画弥补了生活气息的不足,使作品没有逊色。

埃菲尔铁塔与莫泊桑

莫泊桑

这里我想对法国作家莫泊桑简略地作一些介绍,莫泊桑是我喜欢的作家之一,他的一生非常短暂,43 岁就去世了,他从发表《羊脂球》轰动文坛,只有 10 年稍多一点的创作历程,但他给世人留下了 300 余篇中短篇小说、6 部长篇小说、1 部诗集、3 部游记,还有一些为数可观的评论文章。其中名篇《羊脂球》《项链》《两个朋友》《米隆老爹》《我的叔叔于勒》等广为流传。

我在法国的埃菲尔铁塔曾听到他的传说。埃菲尔铁塔与纽约帝国

大厦、东京铁塔并称为世界三大建筑奇迹,但它的出现起先并不被法国巴黎的文化精英认可,据传,莫泊桑是铁塔二层餐厅的常客,他并不喜欢铁塔,而是厌恶铁塔。他说:在这里是唯一看不到铁塔的地方。确实如此,我在市区各处随时都能见到铁塔的身影。又传,他的厌恶还连带到他作品中的小说人物身上,他笔下的人物也都不喜欢铁塔。我想,这是误传,铁塔建成时,莫泊桑因病几乎不写小说了,我记忆中他最后的小说是发表于1890年的《橄榄园》和《我们的心》。这两部小说中没有这样的人物。1893年7月6日他去世了。不过,真实的历史记录着,《泰晤士报》刊登的由法国巴黎300名文化人签名的反对建铁塔的呼吁书上,确实写着莫泊桑的名字,还有《茶花女》的作者小仲马。呼吁书言辞激烈而尖刻,称铁塔"奇怪可笑","如同一个巨大的黑色的工厂烟囱","丑陋的柱子","给古城投下令人厌恶的影子"。这是精英们一时愚钝的错判,历史证明,这是伟大的建筑艺术。

海涅的《北海》

海　涅

我在德国汉堡市政广场见到了海涅的塑像。我在塑像四周徘徊了好久,这座塑像带有印象派色彩,海涅的眉目都不甚清晰。他裹着长大衣,露出足蹬的长筒靴,一手托腮,一手搁在胸前,双腿交叉优雅地站着,像是在沉思。这座铜像屹立在一上细下粗的圆铜墩上,再下是长方大理石基,正面镶有铜的德文碑文,介绍海涅生平,另外三面是诗作的铜雕画面。我仰头前后左右地望着,这就是让我读了他的《诗歌集》之后心潮难平的大诗人,我终于见到了他,并踏上他曾经恋过爱过的土地。海涅的

诗是那么飘逸流畅,没有拘谨、生硬、刻板的形式与韵律,他的诗完全是随着感情自然流淌,从心中唱出的歌,他的爱是那么真诚、纯洁,他的爱是那般火热、滚烫。他的《诗歌集》中的第五部分《北海》是我自小就熟读的。

《诗歌集》的出版,使诗人获得了世界级的声誉。这部诗集是德国诗歌中的瑰宝,德国浪漫派最优秀的文学纪念碑。他的诗被谱成了曲在广泛流传,在德国本土,被谱成歌曲的在 5 000 首以上,这样大的数量,在世界抒情诗人中是首屈一指的,这一点连歌德都比不上他。

《北海》的写作,是 1825 年诗人在哥廷根大学获得法学博士学位后,于 8 月至 9 月去北海中的诺得奈岛游览(此后在 1826 年 7 月至 9 月中旬和 1827 年 8 月中旬至 9 月又去访问过两次)时完成的,这是德国北部海岸的东弗里群岛中的一个小岛,岛上有古老的海滨浴场,游人很多。海涅在北海组诗中描写的大海风光,使他成为第一个歌咏大海的德国诗人。虽然歌德也曾在游历意大利时看过大海,并且在海上航行过,却没有留下直接歌咏大海的诗篇,直到海涅,才第一次把大海作为诗歌描绘的对象,海涅诗中的大海色彩斑斓,黄昏的海,落日的海,港湾里的海……展开了一幅波澜壮阔的大海画卷。海涅写海的诗,采用的是自由诗体,不再是四行一节,这种形式的改变,是为了更适应大海奔放的感情抒发。正如海涅自己说,这些诗篇像一些"破蛹飞出的新蝶",跳跃着新的生命,响着大海一样狂放的拍子。值得注意的是:北海组诗并不是单纯描绘大海的自然景色,并不是单纯的大海赞歌。对于大海、云彩,诗人都给了它们新鲜的活跃的生命。

在这些诗篇中,交织着诗人对童年的回忆,对台莱赛(台莱赛是诗人的恋人堂妹阿玛莉的妹妹,阿玛莉是百万富翁之女,她没有接受海涅的爱,却嫁给了一个有钱的地主,阿玛莉的妹妹台莱赛长的与阿玛莉相像,诗人就把爱情转到她身上,其实也是单相思,后来,台莱赛嫁给了一个法学家)的热烈的爱情,对荷马诗歌的倾倒,对祖国的热爱,对贫民的同情。还有一点有趣的是,在那常被雾气包围的北方海滨,诗人脑海里经常飘荡着天神的影子,可是诗人不去描绘北欧神话中的神,却把南欧希腊神话中的神搬到北方去,描绘他们,调侃他们,把自然和神同人结合起来,给自然灌输了人的感情,创造出一种独特的、极其富于形象思维的诗歌境界。

三色蝴蝶在飞

27

海明威

海明威的《老人与海》

我去美国的西部,并没有找到海明威的任何足迹,但我在西班牙一个叫龙达的小镇却见到了他的半身塑像。海明威去过西班牙,对斗牛竞技颇有兴趣,还专门写过斗牛士的专业文章。我读过他一篇有名的小说叫《没有被斗败的人》,是写斗牛士生活的。

海明威为世界的读者所熟悉,他的长篇《太阳照常升起》《永别了,武器》《丧钟为谁而鸣》《有的和没有的》,短篇《五万元》《杀人者》《乞力马扎罗的雪》《弗郎西斯麦康伯短促的幸福生活》都很有名,而他最伟大的

作品却是一部不足 6 万字的中篇——《老人与海》。

《老人与海》是海明威晚年之作,问世于 1952 年。1954 年,海明威因《老人与海》获得诺贝尔文学奖。这之前,批评家们正在对海明威的《过河入林》发动攻击。海明威那时已获得了极大声誉,他一有作品发表,不管写得成功还是失败,总是在西方文坛上引起极大的轰动,使他成为 20 世纪最受人注意的美国作家。

海明威是个具有传奇色彩的作家,他参加过第一次世界大战和第二次世界大战。在第一次世界大战中,他在意大利战场负重伤,据外科医生后来统计,他身上中了 230 片弹片。即便身负重伤,他还背着一个比他伤势更重的意大利人,在他晕倒之前,终于勉强赶到急救站,途中还有两次被重机枪打中,由于这一勇敢行为,他获得一枚意大利政府颁发的银十字章。第二次世界大战中,他始终英勇地处身在战争的旋涡中。1942 年到 1944 年,他被一家杂志社聘为没有军籍的记者,派往巴顿将军的第三军,他自告奋勇地向海军提出,让他驾驶自己的捕鱼船,沿佛罗里达海峡巡逻,这种活动坚持了两年,受到美国海军的表彰。他参加过空战,没有受伤,但有一次汽车失事,他受了重伤,头上缝了 57 针。他在法国,还率领过一支非正规的部队,参加战斗,居然赶在美国正规部队前面最先进入巴黎。

由于他的奇突的经历,在他回到美国后,批评界对于他寄予很大希

望,都希望他能写一部反映这场战争的小说,结果却令所有的人大失所望。他写出了《过河入林》的长篇,因读者与批评家的期望过高而遭到了攻击,不少批评家认为海明威的才华已经枯竭,再也写不出好作品了。海明威在他作品中写过许多"硬汉形象",他自己其实也是个硬汉,他对那些批评不在意。就在发表《过河入林》的第二年,他的《老人与海》问世了,这一部小说挽回了他的声誉。

《老人与海》的故事极其简单:一个老渔民钓到了一条大鱼,坚持了两天两夜,终于把鱼拉到船边,把它刺死。但在归程中一再遭到鲨鱼的袭击,那条鱼被鲨鱼吃掉了。他只带回一具鱼骨骼。

这是一部描写人和大自然搏斗的小说。作品是象征性的,海明威通过老渔民光荣的失败,歌颂了顽强的战斗精神。

关于《老人与海》的创作情况说法颇多,美国有一位批评家曾透露了海明威创作《老人与海》的起因。他说,15年前海明威在《乡绅》杂志上发表过一篇关于古巴渔夫的通讯,后来根据这个写成了《老人与海》。

这篇通讯的原文是这样的:……一个老人独自在加巴尼斯港口外的海面上打鱼,他钓到了一条马林鱼,那条鱼拽着沉重的钓丝把小船拖到很远的海上。鱼在深水里游,拖着船,老人跟着它一天、一夜,又一天,又一夜。鱼泛到海面上,老人驾船过去钩住它,鲨鱼游到船边袭击那条鱼,老人一个人在湾流的小船上对付鲨鱼,用桨打、戳、刺,累得他筋疲力尽,

鲨鱼却把能吃到的鱼肉统统吃掉了。两天以后,渔民们在朝东方30千米的地方找到了这个老人,马林鱼的头与上半身绑在船边上。剩下的鱼肉还不到一半,有800磅重,渔民们找到他的时候,老人正在船上哭,损失了鱼,他快气疯了,而鲨鱼还在他的船周围打转。

这位批评家后来又透露,海明威的《老人与海》是他创作的一本"海洋小说"的四部的头部。这本海洋小说的初稿是26.5万字,后来缩减到18万字。

海明威的创作非常严谨,《永别了,武器》的结尾改了391次。《老人与海》的原稿校阅了200多次,《杀人者》也重写了好几次。

还有三部作品是海明威去世后于1971年发表的:《海流中的岛屿》是写画家赫德森生活在海岛上的三个片断;《别米尼》写画家与他三个儿子在岛上度假的情景;《古巴》写画家与他离了婚的第一个妻子和好又复分手的故事。海明威的海洋小说除了《老人与海》《海流中的岛屿》之外,还有一部他早期的长篇《有的和没有的》。这是写海上走私生活的。主人公是一个出租游览捕鱼船的船长,尽管是个硬汉,但直到临死才认识到"一个人不行",接着作者写道:"他费了很长的时间说出了这句话,可是懂得这个道理却花了他整整一生。"这是海明威的自白。

有关海明威的《老人与海》的评介文章很多。瑞典皇家科学院以"他精通叙事艺术,突出地表现在他的近著《老人与海》之中,同时也因为他在当代风格中所发挥的影响"而授予他诺贝尔文学奖。

英国作家贝茨说他的小说技巧引起了一场"文学革命"。

海明威作品的特点至少有三点。第一就是他的语言艺术征服了全世界,他创造了极有个性的散文。作者谈《老人与海》写作时说,这部小说"本来可以写成一千多页那么长,小说里有村庄中的每个人物,以及他们怎样谋生、怎样出生、受教育、生孩子等等的一切过程"。但后来变得十分浓缩、简洁了。

他的语言寓激情于冷静,在叙述《老人与海》时,通篇好像用冷冰冰的语言叙述一件与己无关的事,称赞老人的字眼极少。本来描写老人与鲨鱼搏斗的场面很惊心动魄,如果是雨果就会大声疾呼,如果是巴尔扎克就会进行悬河般的论辩,然而海明威只是很冷静地叙述。这种冷静的叙述有助于表现人物内在的感情冲突,特别是一个孤寂的老人。

第二,作品深刻的寓意性和象征性。如果海明威仅仅为写一本捕鱼的小说,单单为一个老渔民而作,而无其他用意,那么《老人与海》充其量不过是二流作品,不会引起大的轰动。

但是,海明威的《老人与海》是多层次、多色彩、多角度的,也是多义的。海明威有一个极著名的"冰山之喻",他认为,文学作品应该含蓄,应该像一座冰山一样,"露出水面的是八分之一,而有八分之七在水面以下。"

《老人与海》正是如此，它讲的是一个老渔民的故事。但这个故事里却表达出了许多人的共同感受。老人的捕鱼经历是极有象征意义的，它是人与命运搏斗的缩影。人生何尝不是如老人一样与大鱼斗？大鱼不就是厄运吗？人生一直是在与厄运搏斗的。人生是苦恼的，难道没有人咽过老人那八十四天劳而无功的辛酸？难道没有人尝过那条大鱼得而复失的苦果？难道没有人有过鲨鱼成群扑来的不幸？难道没有人有过伤痕累累之后得到的只是一架无用的鱼骨的感受？可见，厄运与失败乃是现实生活中的一种客观存在。

　　这种人生的象征，自然会引起广泛的共鸣。

　　第三是塑造了"硬汉性格"。

　　老人身上这种壮健奋发、顽强不屈的英雄主义精神，在当时的美国引起很大震动。老人身上有着海明威的影子，海明威的性格与老人的性格极为相似，他的孤独、自傲、自信、好斗、刚强的"男子汉气概"是出了名的，他的儿子说："海明威笔下的主人公就是海明威本人，或者说是他身上最好的东西。"还说："他总是要赢，输，他是受不了的。"

　　海明威把自己全部的感情倾注于老人身上，老人失败时有一句名言，"一个人并不是生来要给打败的，你尽可把他消灭掉，可就是打不败他"，这就是海明威硬汉子的一种精神标志。小说的结尾是这样一句话："老头儿正在梦见狮子。"这正象征老人不认输，他没有被打败！

小说中用马林鱼、鲨鱼的凶残来反衬老人的好斗、刚强,他用了不少篇幅写大鱼的壮美与凶狠。譬如写鲸鲨,"又粗又大又尖长的蓝色的头,两只大眼和那咬得咯嘣嘣的、伸得长长的吞噬一切的两颊",写星鲨,"饥饿时会咬一把桨或者船的舵,咬水里游泳的人,趁海龟睡觉时把它们的腿和四肢咬掉"。写鱼是为了写人,大鱼与鲨越是凶猛、不好对付,捕鱼、斗鲨的老人的形象就越显光彩。

海明威的小说,可以说是世界文学史上又一座里程碑。他使文学的审美品格和审美价值又大大地提高了层次。

海的人格化,海的意象化,海的人化,海已不仅仅是海的外在形象,海还有它的意蕴形象。人即海,海即人,海明威的"硬汉性格"其实是海的性格,海的文学应该成为强者文学,这使文学的美学层次得到极大幅度的升华。

在希腊与神面对面

荷 马

希腊的神秘、爱琴海的浪漫、奥林匹克的圣火,《荷马史诗》、希腊神话,给人多少想象与诱惑,我一直神往着,终于在2015年5月,我踏上了这片神奇的土地。

希腊是世界文明的源头之一。我们常常说我们的历史悠久,上下五千年,其实真正有据可查也不过3 000年左右,而希腊早在公元前23世纪至公元前16世纪就出现了米诺安文明。过去以为只是神话传说而已,荷马在《荷马史诗》中称创造米诺安文明的国王是宙斯与欧罗巴所

三色蝴蝶在飞

生,是宙斯在人间的代理人。后来,米诺安文明在克里特里岛的王宫遗址被发现,印证了《荷马史诗》不仅是神话传说,但,这一文明被大规模的地震与火山爆发所毁灭。这时的希腊文明是在青铜器时代,我们还在新石器时代。这时欧洲还在黑暗中。大约公元前1400年,米诺安人被迈锡尼人征服,古希腊文明的发展中心随之转移到希腊本土。从公元前15世纪至公元前12世纪,进入迈锡尼文明。1876年《荷马史诗》中曾提到的黄金王国迈锡尼被挖掘出来,迈锡尼文明的标志是"巨石工程",这个字眼源自古希腊神话里独眼巨人塞克罗普斯为迈锡尼筑城的传说,后来希腊人把用大石块砌成的建筑称为"塞克罗普斯式"。这种用长宽达5米至8米的巨石堆叠的围墙围成的古城堡废墟随处可见,在迈锡尼的古墓中还发现了大量的黄金和珍宝,也印证了荷马所提到的"阿特柔斯宝库"。荷马在诗中写道:迈锡尼是"铺满黄金的地方"。公元前12世纪,迈锡尼文明突然消失。此后的三四百年间,古希腊像迷雾一般,没有任何史迹留存。

直到公元前8世纪至公元前6世纪,古希腊才出现了以城邦为单位的社会和政治结构。这段时期被称为希腊古典时期,又被称为"荷马时代"。为什么叫"荷马时代"呢?因为盲人诗人荷马在这个时期写下了古希腊最伟大的作品《荷马史诗》。这个时期延续到公元前4世纪。这是古希腊文明的巅峰期,古希腊人在社会制度、政治、经济、哲学、美学、建

筑、雕刻、戏剧以及自然科学等领域，都取得了惊人成就。古希腊悲剧盛行，涌现出三大悲剧作家。第一位是埃斯库罗斯（90部悲剧中有7部留存于世）。著名的剧作《被缚的普罗米修斯》讲的是天神普罗米修斯违反禁令向人类传授用火术，被大神宙斯绑在山上，每天受巨鹰啄心之苦，海妖伊欧因眷恋他而特地前往探望，被宙斯之妻赫拉变成一头牛，每日由牛蝇叮咬。第二位是索福克勒斯（123部悲剧中有7部留存于世）。这是最伟大的古希腊悲剧作家之一。他的伟大之处就在于作品中蕴含着不受命运摆布、与逆境对抗重生的精神，这是古希腊的悲剧精神。他的两部传世名作，一部是《俄狄浦斯王》，讲的是俄狄浦斯弑父娶母的故事。另一部《厄勒克特拉》，讲的是迈锡尼王阿伽门农之女厄勒克特拉与弟弟为父报仇弑母的故事。这就是心理学上的恋母情结与恋父情结的演绎。第三位是欧里庇得斯（92部剧作中，有17部悲剧，共有19部剧作留存）。他最著名的剧作有两部，一部是描述酒神信仰的《巴克斯》，另一部是讲因爱杀弟叛国，后遭丈夫背叛，又杀了两个亲生儿子的故事的《美狄亚》。我至少去过三个露天剧场，其中雅典卫城的阿迪库斯露天剧场每年6月举行希腊艺术节，为期约三个月，不用扩音器材，音响效果很好。除了戏剧成就，就是古希腊哲学界涌现出了苏格拉底、柏拉图、亚里士多德等伟大的哲学家，对西方思想产生深远影响。

　　希腊古典时期的延伸是马其顿人亚历山大大帝的崛起，他以希腊城

邦盟主身份挥师东征，征服了小亚细亚、埃及、波斯、近东、中亚、印度等国家与地区，打到哪里城就建到哪里，剧场也就建到那里，古希腊文明全盛时期，在世界范围内影响都很广泛。之后，又经历罗马时期、拜占庭时期、威尼斯与奥斯曼帝国时期，最后近代希腊1821年开始独立战争，1829年独立。

我们必须了解希腊数千年的历史框架，才能谈文学的意义。我在希腊看得最多的是公元前4世纪的遗址以及公元前2世纪至公元前3世纪的建筑残骸。

在欧洲古典诗歌中，《荷马史诗》居首，然后是但丁的《神曲》。此外，还有古罗马诗人维吉尔，他因三部杰作《牧歌集》《农事诗》与史诗《埃涅阿斯记》，被古罗马人民奉为国民诗人，代表古罗马帝国文学的最高成就，是世界文学史上最伟大的文学家之一。还有一位是英国诗人弥尔顿，他写过一本政论专著《论出版自由》在西方很有影响，但最重要的诗作是他双目失明之后口述的三部伟大著作：《失乐园》《复乐园》《力士参孙》。还有一种说法，欧洲的四大名著是：荷马的《荷马史诗》、但丁的《神曲》、莎士比亚的《哈姆雷特》、歌德的《浮士德》。《荷马史诗》依旧是四大名著之首。

现在说说《荷马史诗》。《荷马史诗》来自希腊民间的神话传说，由盲人诗人整理而成。《荷马史诗》包含两部分，前部《伊利亚特》，共15 693

行，后部《奥德赛》，共 12 110 行。两部史诗共 24 卷。前部《伊利亚特》写的是争夺被特洛伊人抢走的美人海伦，描写了希腊人与特洛伊人的 10 年争夺战。《奥德赛》是写希腊联军的一个最有智谋的首领奥德修斯，在用木马计攻破特洛伊的王都伊利昂后，回乡途中漂泊 10 年的故事。《荷马史诗》影响了全体希腊人记忆中的历史，是希腊人的英雄史诗，歌颂了神与神化了的力量。它的文学价值是神性具有人性。所有的神既有浪漫性、传奇性，又有写实性。一开始，人们总以为荷马写的这部史诗不过是神话传说而已，后来，这部史诗所写的神话传说被考古挖掘证实与古代希腊历史相符，寻找到了迈锡尼文明的巨石建筑。一名德国富商施里曼是个考古狂人，他始终认为《荷马史诗》写的是真实社会，是借神写史，他终于在 1873 年发现了特洛伊古城，还找到了迈锡尼卫城中希腊联军首领阿伽门农的王墓和宝藏。

　　我在希腊漫游，随时随地可听到受《荷马史诗》影响而衍生的各种流行版的神话故事。譬如一只金苹果引起的 10 年战争。我去过斯巴达城堡，这是墨涅拉俄斯与王后海伦的城堡，这里曾是武士城堡，这里的人男女老少都是武士。现在什么都没有了，只有几尊武士塑像。至于特洛伊城，我在土耳其时才弄清楚它是土耳其西北边境的小城。譬如爱琴海的来历，又譬如桂冠的来历。在希腊神中最受人崇敬的是智慧女神雅典娜，因雅典娜战胜了海神波塞冬，成了雅典的守护神。雅典卫城有雅典

娜神庙，我在卫城看到了神庙，但神像不见了。雅典娜是大神宙斯头上生长出来的，所以在雅典还有宙斯神庙，这是一个巨大的工程，由104根高107米、直径1.7米的带棱角的圆柱构成，但现在我只见到剩余的12根，还有3根倒在地下。

在希腊神话中，宙斯是12主神中的最大的神，他手中有一雷电杖能摧毁一切敌人。他是最富有权力、神力的神，也充满着人性，他多情、风流，有许多情人，他与7个女人生下25个小神。但怕老婆赫拉。宙斯神像本是世界古代七大奇迹之一，但已不复存在，唯有奥林匹克运动圣火没有熄灭。

在12主神中还有一位最受欢迎的神，是阿波罗，他是年轻英俊的太阳神、音乐神，宙斯非常喜欢他。宙斯曾经在两个不同的地点放飞两只鹰，认为鹰会合的地方就是世界的中心，并立碑为证，这就是神秘的德尔菲古镇。我去那里见到古德尔菲古遗址，看到了那块碑，这就是闻名世界的肚脐眼。在这里宙斯为阿波罗造了一个城堡，建了阿波罗神庙。神庙能预测未来，预言灵验，全世界各地都有人来朝觐求神佑的。阿波罗神成了救世主，专门发布预言。神话故事是这样的：阿波罗为求好的祈师，化成一海狮，配着音乐一跳一跃，求得一男一女二祈师。女祈师更衣沐浴，入定，阿波罗化为一团雾气附女身，女自语，男祈师记下用打油诗在神预石发布。诗点明答案，似是而非，不明不白，像迷雾一样。大凡国

家战争大事也求神预。我看到了那块神预石,就是一块普通的石头,上面长满了青苔。

还有一传说,讲阿波罗的一把竖琴是他弟弟送的,这竖琴的琴身是龟壳,琴弦是一根羊肠。原来阿波罗养了200头牛,100头公牛,100头母牛。后来100头公牛被偷了,阿波罗发誓,抓到偷牛贼就杀掉他。他碰到一个小男孩,大约一岁光景,小孩说牛是他偷的。阿波罗不信,小孩坚称是他偷的。小孩一面弹琴一面说,这琴好听吗?是杀了一只龟,用龟壳做琴身,杀了一只羊,用羊肠做琴弦制成的。小孩又说,我是你弟弟,你要是喜欢,这琴就送给你。阿波罗是音乐神,连神殿墙上都有乐谱,这琴他当然喜欢。他从来没见过这么小的弟弟,后来得知是宙斯和情人所生。小孩说,牛就不还你了。阿波罗认了这个弟弟,拿了琴不要牛了。弟弟杀了一头牛,分成12块给主神,因为他自己也留了一块,所以他也成了12主神之一。这小神叫赫耳墨斯,是为众神传达信息的信使神。

《荷马史诗》最伟大的贡献是影响了后来的文学创作,许多作家、剧作家、画家甚至哲学家都从作品中获得灵感与创作素材。我被那些神话故事感动着,随之写下了一些诗,其中一首《太阳红了》便是写爱琴海上看日出、日落。

面觐但丁

但 丁

这个面容冷峻的人,有一个长长的鹰钩鼻子,包着的头巾上有一圈树的枝叶,显得神奇而古怪。这人写的书读来居然如此艰辛而难懂。中世纪末的意大利出了一位叫但丁的诗人。这诗人的一部《神曲》,让我神魂颠倒,爱不释手,百读不厌。很久以来,这书或放在我的书桌案头,或藏于我的床头,随翻随阅,终成伴影。我何曾想过,有一天我竟然能够光顾这位诗人的故居。

这是在意大利的佛罗伦萨,10月的意大利还是温暖宜人,不过,这座

城市的天空格外的蓝,云分外的白,太阳亮晃晃的,我穿一件夹棉的灰长风衣也还觉得有点热。穿城而过的阿诺河上,静静地漂着翠绿的浮萍,碧水映着天空、岸树、房屋的倒影,看得人心都明亮起来,舒坦的情绪鼓胀着,让人情不自禁地想要把这美景拍下来。

当年中国诗人徐志摩曾来过此地,他是落魄流落异国他乡,还是春风得意周游列国,此等心境我无意研究,但他在这里写过一首诗叫作《翡冷翠的一夜》,他用"翡冷翠"的译名让"佛罗伦萨"有了更多的诗意,有了更多的色彩。"佛罗伦萨"意为"鲜花之城",然而,我并未见到繁花似锦的景象,只见到色彩鲜艳的墙壁、深绿色的百叶窗、深红色的屋顶。尽是房屋簇拥着狭窄的磨光了的石块路,夹缝中看去,房墙显得高耸起来。就在这古道古屋之中,散落着一个又一个宫殿、教堂,还有着众多的博物馆、美术馆、陈列馆。应该说,佛罗伦萨是意大利文艺复兴时期诗歌和绘画的摇篮。

伟大的但丁就在眼前。

这是一条幽静而古老的街巷,棕色的石块路因年代久远而呈暗灰色,一幢如碉堡似的暗棕砖石房子耸立在眼前,在房子的一面最上方有两扇狭长的玻璃格窗,另一面也有相同的窗户,所不同的是还有两只弧形门楣装饰,其中各有一小一大两扇方方的铁栅窗,中间便是进出的门了。从外表看这幢房子平常而无特异之处,但迎面墙上,一幅紫酱色的

三色蝴蝶在飞

广告画中央椭圆的白圈中有一个人头像,这是侧面的身穿大红衣袍的但丁像,其下还有一尊不大的正面的但丁铜像,泛着斑驳的铜绿,搁在从墙体中突兀而出的一块托石上。这便是但丁的故居了。这幢建造于中世纪的建筑,距今已700余年历史了。公元1300年夏天,但丁被选为佛罗伦萨的六执行委员之一,即这座城市的最高行政长官,也就是说,这座建筑就是但丁的官邸了。应该说,当时统一的意大利还不存在,还都是一些四分五裂的地域统治,一座城市就是一个独立的地域。

我无法在这篇短文中叙述意大利历史,简单地说,但丁1265年生于意大利的佛罗伦萨,佛罗伦萨当时的政治派别有两个,一是效忠罗马教皇的盖尔非派,一是效忠日耳曼皇帝的奇伯林派,两派互斗不止,但丁家族本是盖尔非派,后教皇获胜掌权,此派又分裂成白党与黑党,但丁加入了不愿意接受教皇予取予求、一心要保持独立和自由的白党,与想借助教皇的势力以复兴家族的黑党对立。但丁成了白党中的主要领导骨干。在白党得势时,但丁主持了这座城市。不久,但丁的厄运就开始了,这时的但丁开始厌倦党派之争,他在前往罗马与教皇商定调解办法时,中了教皇的两面之计,居然被判决放逐两年。接着,黑党上台,又在1302年3月判决但丁终身放逐,并言明只要但丁出现在佛罗伦萨的土地上,就要把他活活烧死。也就是说,但丁从此之后离开了这座房子,至死也没有再回到这座房子里。

童心书系列

　　但丁自此过着流浪生活，他的行踪莫测，至今还是一个谜，他寄居过许多地方，据说还到过巴黎。他唯一的安慰就是读书和作诗，他无时无刻不思恋少年时代暗恋过的美少女贝亚德，他立誓：用从来没有立过的纪念碑去纪念她。单相思的折磨，再加上这段生活的痛苦、愤慨、忧伤等艰辛与感悟，成就了他的不朽名著《神曲》。简单地说，《神曲》这首14 000余行的史诗记述了作者一次"神游"地狱、净界、天堂三界的经历。《神曲》几乎包罗了中世纪的一切学问。但丁还写了《新生》《论俗语》《飨宴》及《诗集》等著作，于1321年客死他乡，享年56岁。恩格斯评价说："封建的中世纪的终结和现代资本主义纪元的开端，是以一位大人物为标志的，这位人物就是意大利的但丁，他是中世纪的最后一位诗人，同时又是新时代的最初一位诗人。"《神曲》是用意大利口语写的，对于统一意大利语言起到了不可忽视的作用。然而，他的文字依旧曲奥难懂，读这部充满着象征意义的百科全书必须忍耐。

　　在但丁的故居我还看到了一口石井，据说但丁曾饮过此井之水。又见游人拥簇路中低首而望，一摊水浇于路石，而显现一水溅人像，居然是但丁形象，一弯曲的鹰钩鼻尤为突出。又闻附近的圣母百花大教堂内飘散出的吟诗唱韵，居然就是但丁的《神曲》。

仰望雨果

雨 果

  雨果,是我崇敬的作家。在法兰西文学殿堂中,有拉伯雷、莫里哀、伏尔泰、福楼拜、左拉、巴尔扎克、莫泊桑、大仲马、小仲马、梅里美、罗曼·罗兰等,可谓群星灿烂,然而雨果却是最闪亮的一颗星。

  那是1883年8月里的一天,雨果在他的儿媳阿丽丝的陪同下到瑞士度假,那时他已八十高龄,他们住在莱芒湖畔的拜伦饭店。闻讯而来的民众自发举行了集会欢迎这位伟大的文学家,围观的人群中有一位少年,这便是后来因创作《约翰·克利斯朵夫》《母与子》而闻名于世的罗

曼·罗兰,这是他第一次见到雨果。多年之后他在一篇名为《老俄耳甫斯》的文章中记述了他见到雨果的情景:

我们朝饭店奔去,溜进了一个精致的花园,在树下焦急地等了五个小时——就是等一天我们也愿意!……人们都往花园里挤,湖两岸挤过来的人群把饭店团团围住,没有一点空的地方。就在当中飘扬着国旗的那个阳台上出现了一位老爷爷,两旁是他的孙儿们,……他多么苍老!头发全白了,满脸皱纹,双眉紧锁,一双眼睛深深地凹陷下去。我觉得他仿佛是从远古时代来的。

罗曼·罗兰在文尾写道:"在我们看来,老雨果的名字已经和共和国这个名字融合在一起了,在所有的作家与艺术家之中,只有他获得了永远活在法兰西人民心中这一荣誉。"

我读雨果的作品《九三年》,首页一张雨果的像是这样的:乱得像鸟窝一样的头发,连着厚厚的络腮胡与上唇须,全是白色的,脑门上纵横着粗深的皱纹,肥鼻,眼袋虽下垂,但一双眼睛是丝毫不遮掩地显露出锐利而坚毅的目光。这是1957年人民文学出版社的译本,我读它时还是初中一年级的学生。

后来,我在大学任教,多次讲课说到雨果的《巴黎圣母院》《笑面人》《悲惨世界》《海上劳工》。应该说,我读过雨果的多部作品,并由衷地喜爱他的作品,特别是他关于海的描写,更是让我痴迷。但,雨果终究离我

十分遥远,不可触及。

当我终于站在法国巴黎圣母院门前时,雨果笔下这个遥不可及的地方竟随手可触。我轻抚了一下圣母院这扇神圣的大门,心里轻吟着:这就是雨果笔下的巴黎圣母院。雨果的长篇小说《巴黎圣母院》讲述了一个浪漫而离奇的故事:一个奇丑无比的教堂敲钟人卡西莫多,与一个温文尔雅的教堂副主教克洛德,同时爱上了一个美丽的吉卜赛姑娘埃丝梅拉达,于是,他们在巴黎圣母院上演了一幕又一幕令人拍案惊奇的戏剧情节。雨果臆想的故事背景是1482年,离雨果写作的时代相差350年,也就是说,他写的是350年前的巴黎圣母院,在这漫长的岁月里,圣母院已经发生了巨大变化。小说有专门一章写圣母院,与其说是写圣母院的过去,不如说他是写现存的圣母院的模样。他写道:"这座古老建筑累遭毁坏与劫难,对此,我们深感痛惜和愤慨。"他列举了三种造成不同程度创伤的罪魁祸首,一是时间,它使教堂发生七零八落的缺损,表面出现剥蚀和锈斑,不过损伤仅及皮肉。二是政治和宗教革命,革命撕掉了雕刻镂花的华贵外衣,敲碎了圆花窗,砸烂了由阿拉伯式花饰和小雕像编织而成的项链,为发泄对大主教或君王的怒气,还将一尊尊雕像打翻在地。三是日益荒唐和愚蠢的时尚,他认为,时尚造成的损坏甚于革命。他还举证,诸如用冰冷的白玻璃取代彩绘玻璃,以及拆掉了迷人的小钟楼等。不过,他仍然赞叹:"巴黎圣母院或许不失为宏伟壮丽、大莫与京的教堂。

日月逾迈,而它的美貌却一如当初。"然后,他举例描写了圣母院的美不胜收与万劫不朽。《巴黎圣母院》首次出版是 1831 年 3 月,就在此小说出版 10 年之后,巴黎圣母院在维奥莱-勒-杜克的主持下开始进行修缮,到 1864 年完工,并重建了 90 米高的尖顶。

我们再看看雨果笔下描绘的巴黎圣母院以及我亲眼所见的教堂现状。

这仅仅是雨果对巴黎圣母院的部分外貌描绘:

先说教堂的上面吧。建筑史上最为绚丽的篇章肯定非它莫属。我们自下而上依次看,首先是三个尖顶拱门,然后是一排边缘呈花边状、刻着花纹图案的 28 位先生神龛。其上是位于正中的硕大无比的玫瑰花饰圆形窗,有两个侧窗伴其左右,俨然正、副执事守在神甫的两旁。再往上是高大而又修长、带有三瓣叶状花饰的拱廊,它那厚重的顶盘由一根根精美小巧的圆柱托举着。最高处是两座筑有石檐、犹如孤峰绝岸般耸立的黑黑的钟楼。这五个层次层层气势恢宏,它们错落有致,浑然天成,合为整体,蔚为大观。

雨果在小说中对这座古教堂还有许多溢美之词,在此不一一说了,算算从 1330 年初建巴黎圣母院至今也有 680 余年了。相隔了六个多世纪,这座老而不朽的古教堂还如此精美绝妙地耸立着,这不能不说是世界建筑史上的伟大奇迹。一切如雨果所言,这座年迈如斯的教堂除了外

三色蝴蝶在飞

观色泽暗淡无光、灰斑深沉外，其他容颜依旧。

　　这里我只作一些亲历的细节补充。先说教堂正面第一层的三个尖顶拱门所见的浮雕，北门门沿上方浮雕描绘的是圣母玛丽亚的故事。中门门沿上方浮雕表现复活后主持审判生者与死者的耶稣，高居在圣·米歇尔和撒旦塑像之上。南门同样的位置，浮雕是圣母献婴图，圣母两侧为两个提香炉的辅祭，其后右为法国国王路易七世，左为莫里斯·德·苏利主教。浮雕的形态是生动而庄严的。我从南门而入北门而出，正门是关闭着的。至于第三层玫瑰窗正中供奉着的圣母圣婴，正是耶稣的母亲圣母玛丽亚和耶稣，圣母院也由此得名。圣母圣婴两边立着两个带翅的天使，再两侧是偷食禁果的亚当和夏娃的塑像。第四层纤细的石栏杆顶端雕饰着众多神魔精灵，神情冷漠而怪异，形状奇突而狰狞，如鸟喙怪兽、独角妖头人身、长着翅膀的魔鬼等。这些石雕小精灵在栏杆的顶端若隐若现，勾勒出一个迷离莫测的虚幻世界。最高的是两座塔楼了，其中一座悬挂着一口大钟，也就是《巴黎圣母院》一书中，丑人卡西莫多敲的那口大钟。这时，古教堂四周一片静寂，这钟声也古老久远了。

　　平心而论，我等并非古教堂研究专家，所以进得教堂内，凡人俗目所见之物也不过认为大同小异而已，除了圣画、圣经故事，就是各种雕像、塑像，唯有在欧洲都少见的教堂中央主祭坛的雄伟、宏大，以及祭坛上方的玫瑰形彩绘玻璃圆窗，给我留下深刻印象。这个圆窗中心是呈现珠状环绕的圆，画着圣母怀抱圣婴图，放射性地围绕中心的第一圈彩绘是16位先知，第二圈彩绘是32个国王和耶稣基督的祖先，外圈是32名主教和大祭司。

这时，我被一黑人主祭吸引了，这是一个穿绿袍的小个儿黑人，在偌大的祭台上，他显得纤弱而无力，文质彬彬，说话细声细语，远远的根本听不清。待我转到他附近时，他已经不再说话，听讲的人一个个走到他身边，接受他洒圣水与施舍圣点。

我没有停止脚步，我感到昏暗与凝固的黑色向我挤来，好似整座教堂压在我的头顶，我有一种沉重的压迫感，我想找厕所，而庄严的古教堂内居然没有这种地方。我找遍了教堂外的街道、商店，终于见一道旁的小亭，一个法国老太与一个阿拉伯青年男子候在那里，小亭上闪亮的光显示这是电子厕所。在法国老太的指导下我上了一回现代化的茅厕，阿拉伯男子还与我哈哈哈地对笑了一阵，我好一阵轻松。西方现代文学史告诉我，雨果早早感受到了这种沉重，他在教堂的塔楼间暗角里发现了深刻石中的一个希腊词：命运。这沉重的两个字引发了他的遐想，启发他写下了《巴黎圣母院》。

我站在圣母院桥上，隔着塞纳河，从侧面细细观赏了巴黎圣母院，那根高耸的尖顶冲天而起，使庞大的古教堂轻盈了许多。回望历史，当初

三色蝴蝶在飞

古教堂的位置是湖上小岛,这岛叫西岱岛,是巴黎的发源地。在钟楼上看下去,这城岛犹若一只在塞纳河心陷入淤泥而搁浅的大船。雨果在书中如数家珍地写下了从钟楼望下去的情景,我没有上钟楼观望,即便看了,那种从早到晚河边成群的洗衣妇使劲捶洗衣物,大呼小叫,谈笑风生,唱着曲儿的情景也见不到了;那种远处是一片绿茵,更远的地方是一些小路,那儿零零落落地分布着的一些村镇房舍也消失了(那些田园的自然都被钢筋水泥现代浮华淹没了)……起先小岛通向外部的是五座桥,现在有十座桥了。是雨果的笔将巴黎圣母院定格在一个历史空间内,这是永远不会磨灭的古教堂画作。

我望着钟楼想象着卡西莫多用超凡的力气猛地推开云梯,使它离开墙面的场景,这是一场惨烈的战斗,卡西莫多孤身一人抵挡乞丐王国的进攻,丑八怪为保护吉卜赛少女与前来营救的乞丐们发生了误战,结果又遭国王的军队进攻,腹背受敌,少女落入魔掌,被当作女巫处死。当卡西莫多得知副主教克洛德是元凶时,他将他的上司推下了钟楼。两年后,在一处地窖里,人们发现一具畸形的男子尸体紧抱着一具女尸。当人们想把他们分开时,他的骨架顷刻解体,变成碎片。雨果将残酷的王权与虚伪的神权勾结下的黑暗,通过这些小人物的遭遇彻底地展现出来。雨果实现了他的"渺小变成伟大,畸形变成美"的美学理想,也奠定了法国浪漫主义文学的伟大开端。

人生有起始有终结。雨果在弥留之际说,人生便是白昼与黑夜的斗争。我想,最终黑夜是胜利者,人的结局是黑夜。我在离开法国前,到了雨果笔下的另一个地点,巴黎的又一标志性建筑——凯旋门。我见过圣彼得堡的凯旋门、罗马的凯旋门、伦敦的凯旋门,毫无疑义,巴黎凯旋门是世界上最雄伟的。我在巴士上没有下车,司机有意慢慢地开着,在它周围转了两圈,不用说,看一眼就足够一生不忘了。这是一座用四根粗壮的脚墩撑起的四拱门灰白色的建筑。这座凯旋门是拿破仑为纪念他在奥斯特利茨战役中大败奥俄联军的功绩,于 1806 年 2 月下令动工兴建的。经过 30 年才落成。1815 年拿破仑被流放到圣赫勒拿岛,并于 1821 年在岛上病逝。也就是说,他生前没有见到凯旋门。凯旋门上布满了精美的雕画与塑像,最著名的凸浮雕作品有:法朗索瓦·卢德的《1792 义勇军出征》即《马赛曲》、让-皮埃尔·柯尔多的《1810 大捷》等。柱石上还镌刻着拿破仑指挥获胜的 96 场战役与跟随拿破仑征战的 558 位将军的名字。

雨果的父亲也是拿破仑军队驻西班牙的将军,但名字不在其列,雨果曾向巴黎市政局提出将他父亲的名字放进去,但被拒,因他父亲从西班牙回法国时,拿破仑并不承认西班牙国王赏给他父亲的将军官阶,而将他父亲由将军改为上校。这也许是雨果父亲的名字没有在凯旋门上出现的原因。但是,雨果父亲的经历成就了雨果,雨果所写的《九三年》

描绘的是法国大革命时期的1793年,这是一个充满了暴风骤雨的年代,作品真实反映了革命力量与反革命力量亦即蓝军与白军之间的生死较量。雨果自豪地说:"我有权写这场战争,因为我父亲是这场战争的参加者。"

　　当然,雨果本人的经历也充满了传奇,他生活在一个动荡不安的年代里,亲历了法兰西第一帝国、波旁王朝复辟、二月革命、法兰西第二帝国、普法战争(巴黎保卫战)、巴黎公社等重大历史事件,他始终站在革命群众一边,并因反对七月复辟王朝而流亡19年。但丁因流亡写下《神曲》,雨果因流亡写下他一生最辉煌的作品《悲惨世界》,其中写到拿破仑滑铁卢战役。雨果曾亲自去滑铁卢战场考察,而他最后的归宿也与拿破仑连在了一起。凯旋门建成后,灵柩能从门下通过的只有三个人,一个是拿破仑,1840年12月15日,法国七月王朝迫于国内民众压力从圣赫勒拿岛接回拿破仑的遗骸,由凯旋门下通过。一个是戴高乐将军。另一个是雨果,1885年5月22日,雨果的遗体在凯旋门下停灵一夜,遗体告别仪式在这里举行。这一夜,整个巴黎民众为雨果守灵,彻夜不眠。人流从四面八方赶来,为雨果送行。按照雨果的遗嘱:我希望用穷人的柩车把我送进公寓。葬仪开始时,一辆仅饰有两朵小小白玫瑰花的黑色灵车在前头走着,200万的人流跟在灵车后面,通过凯旋门、香榭丽舍大街前往先贤祠。

我乘着巴士离开凯旋门驶过香榭丽舍大街时,双眼饱含着感动的热泪:雨果,穷人的代言人,法兰西伟大的灵魂!一个站在高脚书桌前写作的民族英雄!

亲近莎翁

莎士比亚

一

莎士比亚对于我来说,曾经是一个符号,此人是人还是神,是实际存在还是一个虚构的影子,对我来说都是毫无意义的。我在一个空旷的房子里拉着二胡,声音悲抑而幽怨,这是刘天华的曲子《病中吟》。当时,我上的这所高等艺术学院似乎已不存在,让我心怀崇敬的上海戏剧学院已散伙了,学生都在闹造反,不上课了。这是上海乌鲁木齐路上的一个小别墅,资本家的房子,后来成了学生宿舍。天很热,我无处可去,便光着上身,穿着短裤拉二胡,两腿夹住琴筒,以使琴声更柔和一点。我坐在一张双人木床的床沿上,床下有一堆借阅的书,其中有莎士比亚,还有《西厢记》。这些在当时已成禁书,是"封资修"的货色,不能看了,偷偷地看也不行了,还给图书馆也没有人收了。莎士比亚死了,连影子也死了。

在写这篇文章时,我记忆中竟然跳出这些奇怪的画面。

然而,莎翁总是悬浮着。现在莎翁已在中国复活许久了,我尚记得他的具体与真实。我有了机会如饥似渴地重览莎翁的四大悲剧剧本:《哈姆雷特》《奥赛罗》《李尔王》《麦克白》,与四大喜剧剧本:《威尼斯商人》《第十二夜》《仲夏夜之梦》《皆大欢喜》。终究,我对莎翁的理解,有了亲近他的家园、故居的机会。

二

那是 2012 年的 5 月 30 日上午,我到达英格兰伦敦以西 180 公里的斯特拉福古镇。一条叫做爱汶河的娇小柔曲的河流穿过古镇的一侧,河的北面是沃裹克郡的亚登村,南边是爱汶河南岸开阔的田野,叫作菲尔登。爱汶河唱着一首古老的歌,小镇风光已经延续了四个世纪,亨利街依旧是一条有着沉静、幽暗地砖的栅栏式的街道。这街的中心地段有一幢有三角尖顶阁楼的二层红瓦灰墙的建筑,古朴而典雅。我停驻在这座 16 世纪的灰色的老房子前。这房子记载着这样一个事实:1564 年 4 月

23日莎翁出生在这里。于是眼前尘封的灰色陡然灿亮起来。在这个世界上,有十位最伟大的文豪巨子,莎翁便是其中的一位。谁望着这幢老屋都会心生敬意,因为一个奇才的生命就是从这里走出来的。

倘若不是这个原因,那它不过是一座普通的老屋。这是一幢木结构框架的房子,木头上涂了黑漆,漆已有一些脱落,泛出枯黄的木纹来,木架横竖交叉地支撑着右面一个尖尖的屋顶以及左面两个三角的阁楼窗,大小各异,十一个窗户都嵌着白漆木条框,墙面是土黄色,屋顶是红瓦,现在都已斑驳罩满了黑灰块。房顶上有两支灰白的砖烟囱。临街有两扇进出的门,正门有三角屋沿,也是老旧的红瓦,边门顶则是一块平板。古屋由一排黑漆铁栅栏护着,平凡中闪耀着神奇。莎翁的故事是从这里开头的。

那么先看看莎翁出生的房间吧。一张木架床占据房的中央,床的上方是红绿相间与床一般大小的天盖布帘帐顶,四角垂下的红绿帐帘一直拖到地板,床上有白色的枕头、枕垫与平铺着的绿绒床褥,一侧床前有棕棚矮榻,地板上散放着三两只玻璃器皿与瓷盒。另一侧是一个小小的木摇篮,内有一方小红褥被。难道这摇篮内睡过莎翁?据布置这间房的人说,这是按照1574年的式样布置的,也就是说,这时的莎翁已经10岁,当然已不需要摇篮,不过,那时他家里有不少小孩,他的二弟吉尔伯特8岁,三弟琼5岁,四妹安妮3岁,五弟理查德是婴儿。这样推算,这时的

摇篮是五弟睡的,这房间该是他父母的房间。生活的记忆变成了莎翁剧作的佐料,若干年后,他在写作《驯悍记》的第四幕第一场时,就跳跃出这样的台词:"我故意嫌被褥铺得不好,把枕头、枕垫、被单、线毯满房乱丢。"

据传,莎翁18岁那年娶了26岁的安妮,就住在这个房间内。这桩婚事不同寻常,因莎翁未举行婚礼便使安妮有孕,父母为避免丑闻,必须在安妮怀孕的身材明显之前举行婚礼,莎翁在镇上两个身份显赫的农场主的陪同下去了主教法院提出申请,还交了40英镑保证金才完满掩饰过去。这段婚姻给莎翁留下深刻的印痕,在使安妮有孕之前,莎翁与安妮已举行过订婚仪式并在证人见证下交换了"盟誓",他认为订婚与正式婚礼具有同等法律和道德上的效力。后来,他将这段订婚盟誓写进了剧本《恶有恶报》。剧中人克劳狄已经与情人朱丽雅订婚,在这一仪式和教堂婚礼之间,她怀了身孕。由于这一侵扰"罪行",他被投入监牢,判处死刑。他的辩词是:"根据真正的契约,我得到了朱丽雅的床。你知道这个女子,她就是我的妻子。"在上帝的眼里,他与朱丽雅的订婚已经使他们成为夫妻,因此他没有犯罪。莎翁使婚礼与法律的辩论戏剧化了。同样,莎翁与安妮年龄相差8岁,男比女小的婚姻是否美满,莎翁的剧本《十二夜》中也许就有他婚姻生活的影子。《十二夜》第二幕第四场,剧中人奥斯诺公爵对缔结婚姻的双方给了两个忠告:女人应当拣一个比她大

些的男人,这样她才跟他合得来,不会失去她丈夫的欢心。或者,男人选一个比你年轻一点的姑娘做你的爱人吧,否则你的爱情便不能常青。

而我听到的莎翁婚礼那一天的故事是那般美好。那天,安妮穿着亮闪闪的白色连衣长裙,头发蓬松,戴着芳草编成的鲜艳的花冠。她由伴娘陪伴着,走在前往教堂的路上,姑娘们在她前面播撒灯芯草,防止淤泥弄脏她的衣服和鞋子。而莎翁穿着精美绣花的紧身上衣和长筒袜,由伴郎相伴到教堂,一路管乐和鼓乐相随。新郎为参加婚礼的宾客买了手套以交换芳草和花卉。仪式在教堂的大门口开始,新郎为新娘戴上戒指并送上祝福。之后,婚礼团进入教堂内,举行婚礼弥撒。这是一幅爱的图画。莎翁是那般珍爱安妮,他为安妮写下了一首永存于世的十四行爱情诗:我该把你比拟做夏天吗?/你比夏天更可爱,更温婉;/狂风会把五月的娇蕊吹落,/有时天上的眼睛照得太热,他金色的面容常常变阴暗;/一切美好的事物总不免凋败,/被机缘或自然的代谢摧残;/但你永恒的夏天不会褪色,/不会失去你所拥有的美善;/死神也不能夸说你在它阴影里徘徊,/当你在永恒的诗行里与时间同久长;/只要人们能呼吸或眼睛看得清,/此诗将永存,/并且赐给你生命。

莎翁与安妮的爱情信物流传了下来。在楼上第二间卧室里有一张椅子,这是一张看起来很重的类似檀木的古棕色靠背椅,椅的背面刻有莎士比亚族徽的标记:一个是矛与盾,另一个是抓着矛的鹰。这张椅子被称为"莎士比亚求爱椅"。据说,莎翁将它传给了外孙女伊丽莎白,又由外孙女传给了安妮家族的后人。这张"莎士比亚求爱椅"又给人们带来多少美丽的想象。

而少女安妮与莎翁沉浸在恋爱的甜蜜中的另一佐证是一幢有着厚实茅草屋顶、红白木隔墙和两支红砖烟囱的农舍,这是安妮故居,农舍四周长满了野百合花。莎翁与安妮的挚爱像野百合花一样年复一年地开到了今天。正如莎翁在另一首十四行诗中有这样的诗句:我的爱人将在我的诗篇中永葆青春。

三

我来到了楼下。楼下的起居室与厨房是石板铺地,后来由莎翁的姐姐居住。楼下的另一半是作坊。从外面的窗户望进来就能见到悬挂的皮手套。这是用石灰、明矾、鸡蛋和尿液加工的,用小山羊皮、狗皮、鹿皮制作的精美的皮手套。当时戴手套是一种时尚,于是就有了前面莎翁成婚时向婚礼参与者赠送手套这一仪式。我看到的作坊也许保留着当初的原始情景。作坊里陈列着各种制作皮手套的手工工具,如巨大的剪皮革用的钳剪,还有陶瓷罐、缸和带把手的大木桶,以及各种形状的木质的杆、杖,作坊里点着一炬白烛。他的父亲经营皮手套作坊,还在镇集市有店面经营器皿。在剧作中他对父亲流露了他的敬爱之情,他在《仲夏夜

之梦》第一幕第一场写道：你的父亲对你应当是一尊神明；你的美貌是他给予的，你就像在他手中捏成的一块蜡像。

在莎翁的家庭生活中，除了父亲的影响，还有一个必提的人物，就是莎翁长女的夫婿霍尔。霍尔是一个满怀爱心、兢兢业业、有一定声誉的内科大夫，不管病人贫富，信奉天主教还是新教，他都一视同仁。他用草药治病，在他居住的地方种满了草药。莎翁在他的剧本创作中以霍尔为模特写作了《佩力克利斯》，主人公医生西利曼就是一个高明的医师。在该剧第三幕第二场中，西利曼对于自己能够"谈论大自然的干扰及其医治能力"胜于"不牢靠的荣誉"而感到高兴。正是西利曼奇迹般地使皇后起死回生，才使这部剧完满结束。我们在莎翁名剧《麦克白》第五幕第三场剧中还看到令人深思的借医学进行讽喻的台词：大夫，要是你能够替我的国家验一验小便，查明它的病根，使它回复原来的健康就好了。当然，莎翁也写过被他调侃的医生。例如，1597年写的《温莎的风流娘儿们》中，法国大夫说英语不纯正，把"老天"，说成"老爹"，显得滑稽而荒唐。

《温》剧中还有莎翁长女苏珊娜与夫婿霍尔的家庭生活的缩影。现实中是一个名叫莱恩的年轻人，指责苏珊娜与制帽商史密斯关系暧昧，并使他染上"性病"，苏珊娜的声誉受到影响，当然也影响了苏珊娜与霍尔的关系，苏珊娜的名誉受到严峻的考验。但苏珊娜是一个倔强的女

性,为了洗刷自己的不白之冤,就在教会法庭对莱恩提出诉讼,告他诽谤,但莱恩没有出庭,案件就此了结,苏珊娜获得清白。苏珊娜的遭遇对莎翁来说刺激很深,《温》剧中温莎的风流娘儿,傅德太太和裴琪太太的声誉也是如此。莎翁剧中最有趣的人物,胖骑士福斯泰夫试图同时追逐她们二人,但自己却上了当,大失所望。一次,两个太太帮助他躲在洗衣筐内,逃避嫉妒的傅德先生,结果连筐带人被扔进了泰晤士河里。福斯泰夫一再上当,出尽洋相直到剧终。

我曾在温莎小镇逗留,那里仍保留着中世纪的格局,存留着当年的咖啡馆、面包房,毗邻着一些低矮而不俗的房子。莎翁写作《温》剧是在小镇的一家餐馆内完成的。那时,莎翁的《威尼斯商人》《亨利四世》已大获成功,他经常随剧团出入宫廷,为伊丽莎白女王演出,女王赏识莎翁,还与莎翁同台演出过。一天,女王观看了《亨利四世》后,亲自来到后台找莎翁,因为她觉得剧中的福斯泰夫这个"老恶棍""很可爱"。女王对莎翁说:那么你就写这个"老恶棍"求爱吧。于是,莎翁领旨写下了他唯一的一部小市民生活的喜剧。我在温莎小镇上寻找过《温》剧中多次出现的"吊袜店",这种买卖女人用品的小商店很多,难以断定写的是哪一家。

莎翁的剧作中经常饱含着他自己的生活体验。一个人的家庭生活时有发生不测,他的悲痛是他的儿子,朱迪丝的孪生兄弟哈姆奈特在11岁时夭折了。这对于莎翁与安妮来说是一次致命打击,至今莎翁纪念馆内还保存着哈姆奈特死亡登记册,写着1596年8月11日在斯特拉福安葬。据说,莎翁当时正在写作《约翰王》,他把他的悲伤写进了剧本,在第三幕第四场,他描写了一个母亲失去年轻儿子的悲痛:悲哀代替了不在我眼前的我孩子的地位;它躺在他的床上,陪着我到东到西,装扮出他美妙的神情,复述他的言语,提醒我他一切可爱的美点,使我看见他遗脱的衣服,就像看见他的形体。

因为这一事件,又引出另一种说法,莎翁因自己儿子的死,写下了传世巨著《哈姆雷特》。因剧中主人公的名字与他儿子的名字几乎相同。而莎翁写作《哈》剧的背景与剧情是丹麦王的被害,王子哈姆雷特替父报仇的故事。我曾亲身来到故事发生的地点:丹麦的克隆古城堡。克隆古堡是丹麦封锁瑞典、挪威舰船的要塞,我站在古堡炮台上,那里有一排粗壮的黑色大炮,炮口都对准着海面。古堡内有作战室、餐厅、舞厅,还有最底层阴暗的关押战俘的水牢。地下室还有一尊武士铜塑像,这是丹麦的保护神,没有战争,他就睡觉,一旦打仗他就出来了。古堡内有过若干王室的传说。一个偶然的机会,莎翁从英国商船那里得知了这一城堡,他以城堡为背景,改编了一个多年前的演出剧本《丹麦王子哈姆雷特复仇记》。至于改编过程是否与他儿子的死有关,这没有更多的证据。《哈》剧终究成了莎翁的巅峰之作。丹麦克隆古堡也因之更名为哈姆雷特堡。城堡的外墙上有一莎翁浮雕头像,我在那里照了相。《哈》剧中有着无数精彩绝伦的对白,无论正面角色还是反面角色说的话都充满了人生的睿智与哲理,让人拍案叫绝。我在古堡的城台上想起了哈姆雷特的一句台词:罪恶的行为总有一天会发现,虽然地上所有的泥土会把它们遮掩。

四

我走出古屋来到了屋后的花园里。现今见到的花园,有一个圆形的花坛,里面开着鲜红的玫瑰花,绿茸茸的草坪上是紫色与白色的郁金香。当初这里堆放着手套制作用的动物皮革与木材,还有石灰坑,在仓库和马厩,还养了一头猪和一群母鸡。地里种了菜、芳草和果树,用来做菜和制药。虽说斯特拉福是市镇,却与农庄没有多大差别。其实,顺着爱汶河,两侧有许多农庄,比如莎翁继外祖母的亚登农庄,又称亚登森林。少年的他常在那里玩耍或帮忙。在漫长的夜晚,他和老太一起坐在火炉旁,听她讲述罗宾汉、乔治与龙、郑恩牛等古老的传说。后来,莎翁把亚登森林写进了剧本《皆大欢喜》,在第一幕第一场写道:据说他已经住在亚登森林了,有好多人跟着他;他们在那边度着昔日英国罗宾汉那样的生活。又如帕尔默农庄,是莎翁父母的朋友帕尔默的农庄,他常见一些女佣在做家务与挤牛奶。这些场景他也写进了《皆大欢喜》,他是这样喜剧性地描绘一个小伙对一个乡村女佣的爱情独白:我记得我曾经吻过她

三色蝴蝶在飞

的洗衣棒,也吻过被她那双皲裂的玉手挤过的母牛乳斗。莎翁的剧本中还有一些狩猎和鹰猎的场面描绘,这些自然都得益于他的农庄生活。

　　写到这里,我在想,莎翁那部盛名于世的《威尼斯商人》又是受哪种生活的启发呢?小镇只有一条小小的爱汶河,没有停泊任何像样的商船,只泊着一些小的轮船与竹篙船。后来,他在伦敦也只能见到泰晤士河,这也与威尼斯水城大相径庭,没有记录证实他去过威尼斯,就如他写丹麦克隆堡,他本人并没有去过克隆堡一样。我曾在威尼斯水城探究过莎翁的踪迹:我见到了莎翁在《威》剧中的威尼斯石子街道以及小巧的弯月形的石桥;我见到了莎翁在《威》剧中的化装舞会的面具,有着各式各样的羽毛的女人面具是那般妩媚动人。我见到了莎翁在《威》剧中的中世纪的教会法庭,庄重而威严。我还见到旅游纪念品商店内在出售《威》剧中人物波希霞小姐的彩匣。我感到莎翁的气息与踪迹无处不在,然而,莎翁是否到过威尼斯还是个谜。

　　还是来说说古屋前的这座小小的花园吧,有人说,莎翁小时候在这里演过戏。这自然是一种猜测。但有一张无可怀疑的小镇演出表,记录着"莱斯特勋爵戏班"这个英国有名的剧团,曾在1573年和1576年来镇上演出,每场演出费高达15先令,而当时大多数剧团才收5先令。也许莎翁看过演出,他一定会对这个一流剧团的华丽戏装和道具留下了深刻印象。不管怎样,这个小花园中许多植物在莎翁的剧本中常常提到。

童心书系列

　　莎翁大约是在1580年代末至1590年代初离开这幢古屋步行150公里去伦敦闯荡的，他在伦敦做过杂役、看过马、跑过龙套。他48岁又从伦敦回到了故里，但没有再住进这幢古屋，而是在镇上新购了大房子住下。那时，他已名满世界，共写作154首十四行诗、37部剧本，还在伦敦经营着几个剧院。如今，那里已成为莎士比亚大街，剧场林立。在进入小镇的一座古桥旁的广场上，有一群塑像，这是后人为纪念他而树立的，居中是一根高大的纪念柱，顶端高耸着莎翁的坐像，四周是四尊莎剧人物的塑像，他们是《亨利四世》中的福斯泰夫、《麦克白》中的麦克白夫人、《亨利五世》中的皇太子、《哈姆雷特》中的王子。还有一尊塑像在亨利街的尽头，是一个玩杂耍的小丑形象。莎翁笔下的小丑不仅起到串戏的作用，更重要的是他们的性格都非常鲜活，有的阴险毒辣，有的愚昧可笑，有的憨厚可掬，千变万化，对剧情起到画龙点睛的作用。与塑像广场隔河相望的是一座小剧场，常年演着莎剧。

　　倘若我们从古屋沿着亨利街走过高街、查普尔街、沃克斯街，向左拐到丘奇街的尽头，那里就是小镇的圣三一教堂。这就是莎翁从出生的古屋到他离开这个世界的最后归宿的所有路程，不过1 500米。莎翁是1616年4月23日去世的，享年52岁。他的忌日与生日居然是同一天，也让世人称奇。在圣三一教堂他的安葬处，供奉着一尊莎翁的半身彩色塑像，有一张古铜色的脸，倒梳的长发与上唇两撇胡须、下唇一小撮胡须

这些模样同先前见到的莎翁形象差不多,只是脸胖圆了,不如先前见到的清秀,而且没有了贵族般打扮的绣花高领的礼服,只穿了白领的紧身红衣外罩黑背心,一手按着稿纸,一手执一羽毛笔,神态庄严,目光向前。我仔细地打量着这个人,心想,这个人从出生的房子到他安息的地方走走也就几步路,然而,这个人却真正地在人世活了400多年,并将永远活下去!

2016年7月8日下午完稿于坤阳墨海居

歌德的诗音

歌 德

在德国最伟大的诗人,就是歌德了。与海涅相比,歌德是前辈作家,世界声誉远在海涅之上,歌德与荷马、但丁、莎士比亚并列为欧洲的四大文豪,他的长篇诗体悲剧《浮士德》与盲诗人《荷马史诗》、但丁《神曲》、莎士比亚《哈姆雷特》并列为欧洲四大名著。海涅27岁时曾去访问过75岁的歌德,歌德对这个年轻的诗人颇为冷淡,这使海涅感到很不愉快。歌德的文学地位虽然显赫,但有一点歌德不及海涅,海涅的诗,包括后来出版的《新诗集》,在德国本土,被谱成歌曲的约在5 000首以上,在世界

抒情诗人中首屈一指,歌德也无以相比。但歌德是文化巨人,涉猎颇广,他不仅是诗人,还是小说家、散文家、剧作家、评论家、思想家、画家。

歌德的创作成果常常无法编年,因为许多作品并不马上拿去发表,而是搁许久再修改,他最早的成名作应该不是诗而是剧本,是他依据《葛兹自传》改编的剧本《葛兹》,讲述骑士葛兹的故事。这部剧轰动德国,歌德一举成名。那是 1773 年,他 24 岁。一年之后,他的中篇小说《少年维特之烦恼》出版,使他名声大噪。这部小说他只用了四个星期就一气呵成,这是一部书信体的小说。维特是一个能诗善画、纯洁多情、热爱自然的年轻叛逆者形象。维特天真烂漫,在舞会上爱上了活泼可爱的姑娘绿蒂,可是绿蒂已订婚,他纯真的快乐不复存在,陷入感情的旋涡之中,直到最后自杀。这部中篇使歌德成为全世界称赞的文学家。当然,歌德最大的成就还是诗。奠定他诗歌地位的是《赛森海姆之歌》,这组诗吸收了德国民歌的精华,使他的抒情诗有了质的飞跃。当然,使他登上世界文坛顶峰的应该是《浮士德》。这是他的毕生之作,他从 25 岁开始着手,到 82 岁才完成,花了近 60 年的时间。浮士德最早的人物原形,是传说中的魔术师,歌德幼年时代就看过有关浮士德传说的木偶戏和通俗剧,长大之后有了改编的念头,最早写作是在他的故乡法兰克福,从此没有间断地写了近 60 年。故事庞大,内容也不连贯,有许多深刻的哲学思想,是一部不易懂的古典著作。

歌德还是一位自然科学家,他对动植物形态学、解剖学、颜色学、光学、矿物学、地质学等学科都颇有研究。他留下 2 700 多幅风景画以及对人体的临摹。我在法兰克福的市中心见到了歌德故居,这是两层带阁楼的米黄式的建筑,我在大门前拍了一张相,以了却我的崇敬之情。让我留下深刻印象的是歌德在法兰克福最古老的大学城海德堡写下的诗句:我的心遗落在海德堡的夏日中。我去过海德堡,这是德国浪漫主义精神圣地,古老的大学没有校门,教学、生活区都在街头,无论是街头的咖啡馆,还是幽静的小巷,无不散发着浓郁的人文气息。美国小说家马克·吐温也来过这里,他说:海德堡是我到过的最美的地方。

感悟杰克·伦敦

杰克·伦敦

美国文学史上有许多有影响的作家与作品,如欧文的《见闻札记》、惠特曼的《草叶集》、霍桑的《红字》、爱伦·坡的《致海伦》、斯托的《汤姆叔叔的小屋》、马克·吐温的《汤姆·索耶历险记》《百万英镑》、德莱赛的《嘉莉妹妹》、梅尔维尔的《白鲸》、海明威的《老人与海》、福克纳的《喧哗与骚动》、杰克·伦敦的《毒日头》等。就我个人阅读的视野与偏爱来说,我更爱读马克·吐温、杰克·伦敦以及海明威的作品。2013年9月我去了美国的西部与东部,实地感受了这块大地上的文学脉搏。

童心书系列

72

　　杰克·伦敦的长篇小说《毒日头》，我是在一个石库门的小亭子间里读的，天很热，我躺在一块狭长的床板上贪婪地读着，忘记了酷暑。这是他1910年写作的一部长篇小说，这时他34岁，离他去世还有6年。他于1900年出版了第一本小说集《狼子》，立即获得巨大声誉，此后16年间他出版的作品达50余部，其中中长篇小说21部、短篇小说集20部、剧作3部，还有多部政论、随笔、特写。这是一个有个性的作家，他性格粗犷、一身豪气，就像一团烈火在燃烧，这是他生活经历所铸就的。他自幼当过童工，10岁就半工半读，但十分好学，9岁就熟读欧文的西班牙旅行记《阿尔汗伯拉》，他读了一些从雇工那儿借来的一毛钱一本的小说，抓到什么就读什么。他做过报童，做过罐头厂工人，还在街头打架练就了一身本领，是小流氓头头。他特别喜欢驾船，13岁就曾驾着小船穿过暴风雨中的旧金山湾。后来，他自己买了一条小船，为了好玩，他纠集了一帮盗蚝贼，驾船去偷旧金山湾养殖户的生蚝，他烧别人的船、打架酗酒、狂欢，在海路上到处自由闯荡，不久又结识了海湾巡警，又反过来去做巡警抓偷蚝贼。17岁当上捕猎船水手，去过朝鲜、日本、白令海一带猎海豹，经历过海上种种严寒、风暴、灾难，他曾想自己造一条船自己驾船环游世界，原计划花7 000元，后来花了几万元造了一条蹩脚的船，他驾船去了夏威夷，一到那里就修船，然后又艰难地开到澳大利亚，到那里船坏了，只能3 000元低价卖掉。这一段九死一生的生活，使他创作出杰出的海

洋小说《海狼》与另一部《野性的呼唤》。小说充满了冒险精神与阳刚之气。

　　他的另一段去北极淘金的经历以及他在旧金山的所见所闻,促使他写下了《毒日头》。小说写一个诨名叫"毒日头"的淘金者在严寒的北极赶雪橇、掘金矿,拿自己的生命当赌注,结果他发了财,然后去了旧金山,在旧金山做生意,差点被一些大老板骗了。后来,毒日头又炒股票,投资码头、自来水厂、电车公司,又赚了许多钱。终于有一天,他明白了这钱对他并没有用处,他放弃了自己的财产,带着他所爱的人去了一个谁也不知道的乡下过着平常的生活。当时,我读了这部长篇之后,我想,在今天这个追逐金钱的社会,此书值得所有人一读。

　　当我在旧金山时,这已不是杰克·伦敦所处的旧金山或所写的旧金山了,因为1906年旧金山有一次毁灭性的大地震,现在的旧金山是后来重建的。那次地震杰克·伦敦在《旧金山大地震》中这样记载:"旧金山不复存在了!除了记忆和城市边缘的一些建筑,整个旧金山已经化成了灰烬……工业区被夷为平地,商业和住宅区也只剩下断壁残垣……都被地震和大火无情地吞噬掉了……"1906年4月18日凌晨的这场8.6级地震,以及此后的一场大火,旧金山已经面目全非了。如今我的眼帘内都是一些两层小楼,形态各异,色彩斑斓,这些低矮的建筑沿着陡坡顺势而建,都是木屋。

旧金山起源于淘金热，1848年只有1 000人，1年之后达到2万人。到了杰克·伦敦的年代，这里已是繁华的都市，淘金已是历史。如今见到漂亮的九曲花街、荡坡街，从上往下有七八个弯，每弯都是繁花似锦。这是杰克·伦敦没有见到的。古老的电车还在，这是一种两侧可以站人，开车、刹车都是人工重体力活的电车。一个光头戴墨镜的男人司机开车，用两长柄铁扳手控制车行速度，扳手下有两铁齿轮，前后扳来扳去，手拉脚蹬，惊天动地，轰轰隆隆，满车震动浑身哐当。这种敲钟的电车，就这样在起伏的铁轨上盘回而行。我想，那个年代的，也许是杰克·伦敦造的。在旧金山湾，奥克莱港的海水依旧是碧蓝的，湾内的金银岛、恶魔岛还在，还有旧屋，这些都是曾经关押犯人的地方。

杰克·伦敦少年时代经常光顾的海湾上于1933年架起了一座金门大桥，非常雄伟。另一头还有一座海湾大桥是1936年建造的。这是杰克·伦敦没有见过的。我乘游船畅游了旧金山海湾，当然不会有少年杰克·伦敦冒着暴风雨驾小船穿入险境的感觉，只见山环港，港环城，两桥飞架，海湾开阔，巨轮，游船，岸楼高耸，小艇林立，十分优美，船墩上爬满了肥油发亮的黑色海狮，水下也有两头，不断发出吼叫声，恐怖异常。天空5架飞机喷出英文字母，说是广告，也很稀奇。这些现代元素与杰克·伦敦时代不一样了。旧金山又是同性恋者汇居地，我见到这个地区有的房子上插着一面六色旗，因同性恋者少一组染色体，所以七色变六色了。每到傍晚，他们都汇聚在有一红字招牌的咖啡馆内，这是杰克·伦敦想也想不到的。

在杰克·伦敦的作品中，有一个短篇叫《渴望生存》，写一个饿得垂死的人在爬行，他的身后尾随着一头饿狼，是人与狼之间的搏斗。最后人战胜了狼，在半死半疯的状态中到达了目的地。据说列宁非常喜欢这篇小说。列宁在去世前两天还在听他的夫人克鲁普斯卡娅念这篇小说。这是一篇很有力量的作品，写人的毅力与意志不可限量。旧金山随着时代的脚步在走，杰克·伦敦的作品依然有它存在的现实意义。这个作家的生命还活着。

寻找川端康成笔下的
伊豆舞女

川端康城

早春二月里的一天,我在日本伊豆的一个叫汤川的温泉旅馆下榻。伊豆是一个三面临海的半岛,旅馆就毗邻海边。旅馆不大,八层小楼,我住二楼。

伊豆本是乡村小镇,并无繁华的去处,却因温泉而闻名,更因日本作家川端康成的《伊豆的舞女》而传播于世。

我在寻找一种感觉。川端康成在《伊豆的舞女》中,不过讲述了一个

三色蝴蝶在飞

简单的故事:一个青年学生独自在伊豆旅行,偶遇一位年少舞女而产生爱慕之情的琐碎生活片断。作品凭什么那样引人入胜,令人入迷,以至这位作家获得诺贝尔文学奖的荣誉呢?我想,少男少女的朦胧的爱,固然有纯洁之美,但伊豆一地特有的风情之魅应该也是一个重要原因,当然,最主要的还是作家的语言功力。川端康成的叙述语言,像淡淡的清风,缓缓地道来,不紧不慢,如诗如画,舒静地展开一幅伊豆乡土山水图。这般清新淡雅的语言,使我想起沈从文的《边城》。

我在寻找一种感觉。川端康成笔下,舞女巡回演出辗转于伊豆的温泉旅馆之间,他写到了这样一串温泉的名字:修善寺温泉、汤岛温泉、长冈温泉、汤野温泉以及汤川温泉,还有一些露天温泉的公共浴池。我所住的旅馆正是汤川温泉,当然,这旅馆并非当年的旧址,而我的感觉却是十分新鲜的,房间的格局是正宗日本味道,榻榻米上有一黄颜色的茶几,上放一褐色圆形茶盒,还有一套白色带蓝花纹的茶壶与茶盅,靠背椅子是没有腿的,只剩下椅背与底托,只能盘腿席地而坐。我的兴趣却是来自那两套和服。川端康成笔下的人物就是穿着印有"长冈温泉"字号的和服短外褂去洗澡的。我抖开两套和服,是长衫。一套白底粉蓝花纹、一套深色藏青外褂。还有两根深蓝白条纹的腰带。是的,我曾穿着这身和服去温泉洗澡,为了寻找作品中的感觉。

此刻是早晨,我穿着和服在欣赏窗外的海。

　　川端康成在《伊豆的舞女》中写道：秋空分外澄澈，海天相连之处，烟霞散彩，恍如一派春色。他是写伊豆秋天的晨海。而我见到的是伊豆早春的晨海。

　　我在笔记本上写道：天亮了，海醒了。一只瘦小的海燕，轻盈地、飘忽忽地蹿上天空。天色阴沉，灰色的云低悬着。灰云之间有少许白色的云光。远方有一座小岛，小岛的右侧深处有一座不高的山岩，山的半腰与山脚下建有一幢幢白色的房子。再往下就是船只与大海了。一艘船上的桅灯还亮着细细的光。大海在平静地等待着什么，缓缓地翻着碎碎的波纹，连浪花也没有。人的目光可以看得很远，它可以吞下大海。但是，人对于大海来说是渺小的。偶尔，有一两排推出的浪花，泛出细细长长的浪带，旋即就消失了。整个海面慢慢地、柔柔地起伏着，宛如少女的身躯，在微柔地呼吸。大海有时也会柔弱得让人怜爱。渐渐地天边出现了淡红色的光斑。那是太阳。但，太阳没有露面。那边山岩，也出现了一抹橘红的曙色。这时，大海开始涌动，褐黑的岸石上有了白雪似的浪花。海面上盘旋着一只瘦小的海燕。

　　这是我在伊豆汤川温泉旅馆的窗口，见到的伊豆春天的晨海。

　　川端康成在《伊豆的舞女》中说到了河津。之后，我也去了河津。河津在伊豆的东部，那里的樱花已经开了。

　　早春的樱花虽不厚实，但在粗粗的枝干上，也是花束如盖，粉红、雪

白的樱花,沿着一条河倾泻而去,很是美丽。

我在河津七瀑布景点,见到了伊豆舞女的形容。不过,那是两尊塑像。一尊是那个头戴学校制帽,身穿藏青碎白花纹上衣和裙裤的青年学生。另一尊是伊豆舞女薰子。这个14岁的少女,川端康成是这样描绘她的:她那双娇媚地闪动着的、亮晶晶的、又大又黑的眼珠,是全身最美的地方。双眼皮的线条,也优美得无以复加。她笑起来像一朵鲜花。然而,这是石头雕刻的塑像,且是绿颜色的石头,因之,最美的地方无法表现。不过,雕塑家还是在尽力表现舞女的微妙神情:舞女是坐着的,身下是一块很大的平整的石块。舞女娇小纤弱,着束腰和服,显得苗条柔美,高耸的发髻上插有一朵大大的花。也许这是她在巡回演出的途中短暂的歇脚,她显得有点累,一条手臂搁在一面扁圆的鼓上,纤细的手指,四指微曲成卷状,中指指尖托腮,显娇柔之态。另一手臂支撑在坐石之上。舞女似乎在沉思,小脸上并无笑意,而露出期待与倔强的神色。不管怎样,我总算见到川端康成笔下的舞女了。我与舞女塑像合影了一张,我的手搭在她的肩上。我是舒心地笑着的。

有时看似弱不禁风的生命,倒却蕴藏着强大的力量。那些个伊豆舞女巡演于村镇之间,却将这些村镇当作旅途中的故乡,她们觉得,这些村镇飘荡着一种令人爱恋的气氛,而这就是伊豆舞女期望的力量。因之,伊豆舞女能够凄苦而顽强地活着。

这只神秘的金鸟

三岛由纪夫

在日本京都,我的车沿着一条河慢行,只见河底已裸露,上面长着密匝匝的野草,水流细细的,水清亮亮的。河中站着三两只灰色的长脚鸟。河上有一顶一顶桥。这是被称为爱河的鸭川河。据说,这是横穿京都的龙脉。

我没有走完龙脉。车在一顶桥上拐了弯,不久,我就到了金阁所在地。

准确地说,金阁是在鹿苑寺内。由于金阁的名声更大,通常也称这

座寺院为金阁寺。

日本作家三岛由纪夫以此寺为原型写下了经典的长篇小说《金阁寺》。

在金阁出现的时候,我的眼前一亮。

这不是常见的亭台楼阁。

这是一座通体透着金灿灿亮光的三层邻水的楼阁。金阁垂直而静止的投影映显在水中,仿佛水下有一个孪生的倒悬的金阁。上下金阁托水而浮,好似一朵金色的云会随时腾空飘飞起来。

这不是平面的金阁,这不是画中的金阁,这是立体的金阁,这是真实的金阁。

金阁的造型结构轻盈而飘逸,秀长的立柱四周支撑着,两层流畅的四角飞檐,第一、二层使用了格棂上悬窗,第三层是格子门,左右镶嵌着花头窗。一个小小的尖顶,尖顶上立着一只精巧的金凤凰。

由金阁向四面推移,是宽阔的湖面。

这湖叫镜湖池。湖水是蓝的,因为这时天空蓝得没有一丝云彩。这是一面巨大的蓝色镜面。镜面被绿色的森林与起伏的群山的投影镶嵌着。蓝色的镜面上,点缀着小岛与奇石。最大的岛叫苇原岛。奇石据说是当时各地诸侯奉赠的,可见金阁主人的身份显赫。

我们无须再探究金阁内部的陈设与用途了。

童心书系列

这座周身贴着金箔的金阁有着梦幻般真实或虚构的故事。

真实的故事是来自一位名叫足利义满的将军。他从豪门西园寺公经那里得到了转让的北山第别墅。他想将极乐净土世界再现人间，便建造了以金阁为中心的庭园，后改作寺院。他奉梦窗国师为开山元祖。后人取义满的法号鹿苑院殿中二字，命名为鹿苑寺。此寺距今已有600多年的历史了。金阁在二战中完整无损，却在1950年因一僧纵火而化为灰烬。1955年重建。1987年重新上漆，镶贴金箔。2003年重葺屋顶。

眼前是整饬一新的金阁。

虚构的故事正是来自日本作家三岛由纪夫的长篇小说《金阁寺》。

《金阁寺》叙述了一位名叫沟口的少年，由于结巴而严重自卑，性格孤僻。他父亲是偏僻海角的寺庙主持，常说：人世间再没有比金阁更美的东西了。自此，少年身陷金阁的幻想之中，当他如愿来到金阁寺当侍僧之后，金阁如影相随，无处不在，少年神魂颠倒，与现实格格不入，他觉得必须摆脱金阁的幻影，再加上他意外发现主持嫖妓的事实，他的幻想彻底破灭，最后放火烧了金阁。

这是一个幻想美、向往美、拒绝美而毁掉美的悲剧。

三岛由纪夫由一僧人纵火毁阁的真实事件，衍生出这个凄美的故事。作家借少年沟口的所想所思所做，用细腻、优美，且富有哲理的笔触，描绘了金阁超凡绝尘的美丽。三岛写道："它的纤巧的细部和复杂的

全貌相互呼应,只要取出任何一部分,金阁的全貌就会响彻宇宙,恍如想起音乐的一个小节,整个乐章就会流泻出来一样。"三岛还写了月夜的金阁、晨曦中的金阁、风雪后的金阁以及战争阴云笼罩下的金阁,还有金阁幻影缠身之后种种荒诞的感觉,连"乳房都变形成为金阁了"等。三岛人化、神化、佛化了金阁,直至少年沟口要焚毁金阁,还在与金阁进行关于美的争辩。

我望着金阁无语。

我听不见游人拍摄留影时嘈杂的声音。

金阁在夕阳中格外金光灿烂,它寂静无声地屹立着,它的沉默,让我思索起许多问题。我在走远之后,又重新折回,细心地拍摄了金阁尖顶上的那只金凤凰。三岛说"这只神秘的金鸟","决心不在太阳下趔趄","使劲地叉开威严的双脚站稳","会像一只不死鸟那样复活后飞翔而去吧"。我在想,这美的生命,不论是精神的,还是物质的,终究有它消失的时候,而一个民族的生命却是永存的,不会被摧毁,更不会随着时间的推移而消亡。

不让童年缺憾的书

《一千零一夜》

我自小读过这些书,后来去过一些与书有关的地方。

土耳其的伊斯坦布尔就是其中之一。在这里,随处可见古老斑驳的奥斯曼帝国的城墙和穿着长袍裹着头巾的人。我走进一个奇特的清真寺里,清真寺内的墙壁全部用蓝、白两色的依兹尼克瓷砖装饰。这是一座蓝色的清真寺,阿拉伯神秘的传说在清真寺内飘飞着。我想起了古代阿拉伯民间故事集《一千零一夜》,全书有 243 个故事,是中世纪最伟大的民间文学巨著。故事源于波斯、印度、埃及等国家流传在民间的古老传

三色蝴蝶在飞

说。书中有机智的少年英雄,有时隐时现的海上仙山,有深不可测的阴间地狱,有变幻不定的狐仙,有忽隐忽现的鬼怪,还有魔杖、魔戒、飞毯、怪鱼、大盗、神灯等,稀奇古怪,让人目不暇接,欲罢不能。之所以叫《一千零一夜》,是因为这本书的故事是用一千零一个夜晚说完的。用土耳其语来说,一千零一代表着"非常了不起"的意思,因此许多人一直认为书名受到土耳其语的影响。讲故事的是进宫陪伴夏哈利亚王的两姐妹史雪拉吉得和婷娜吉得,她们轮番讲了一千零一夜的故事,每个故事都动人心弦,以至每天要杀陪伴女子的国王改邪归正,这是刀悬在头上的故事,其中有《阿里巴巴与四十大盗》《神灯》《辛巴达历险记》等著名经典,而"阿里巴巴"正是土耳其人的名字。

我曾游历过英国的泰晤士河,这是英国诗人艾略特赞美的"甜美的河",就在这河畔有个叫库克安沙丘的地方,有位作家在这里度过了他梦幻般的美好童年,这为他日后创作童话《柳林风声》提供了最初的灵感源泉。这位苏格兰的作家叫肯尼斯·格雷尼斯,他有个4岁的儿子,昵称叫"耗子"。作家每天晚间在床头为儿子"耗子"讲一只柳林河岸的蟾蜍历险的故事。在这个故事里,主人公是身穿人类服装并且能说会道的4个可爱的小动物:鼹鼠、水鼠、老獾、蛤蟆。在最初的讲述中,还有长颈鹿,后来作家觉得庞然大物不太适合柳林河岸的动物世界而被舍弃了。这个故事实在太有趣、好玩了,以至"耗子"连随家庭女教师外出度假都

不想去,只想听父亲讲故事,父亲答应用写信的方式继续讲下去,连续几个月都按时将故事写下来寄到儿子那里,由女教师读给儿子听。这些书信故事就是最早的《柳林风声》的蓝本。《柳林风声》出版后,美国总统罗斯福看到了,他给作者写信,他说,他把《柳林风声》一口气读了三遍。《哈利·波特》的作者罗琳笔下的赫奇帕奇象征獾就是以《柳林风声》中的獾为原型的。

有一年我在瑞典的斯德哥尔摩的大街上寻找拉格洛芙和她的大白鹅。瑞典女作家拉格洛芙在斯德哥尔摩皇室女子师范学院学习过,她的肖像被印在瑞典货币20克朗的钞票上。以她的作品《尼尔斯骑鹅旅行记》命名的"尼尔斯"儿童文学奖在这里诞生。这位下肢患疾行走困难的女作家,应瑞典一位小学校长的请求,答应写一本适合儿童读的书,她带着巨大的痛苦,在瑞典全境实地考察,研究飞禽走兽的习性,探求各地的民风民俗与民间传说,历经艰难完成了这部举世闻名的童话艺术珍品《尼尔斯骑鹅旅行记》。这是世界文学史上第一部,也是唯一一部获得诺贝尔文学奖的童话作品,也是世界童话史上一部难以逾越的经典之作。她写的故事是那么离奇,一只家养的雄鹅居然会飞,而调皮的男孩尼尔斯惹怒了小妖精,小妖精就把男孩变成了一个小小人儿,奇异无比、惊险万分的旅行就这么开始了。这离奇中又带给孩子们意义深远的教益。斯德哥尔摩因此给予这位女作家崇高的荣誉。

三色蝴蝶在飞

当我站在丹麦哥本哈根市政厅附近的街头,抚摸着安徒生铜像时,我的崇敬油然而生。这位19世纪的丹麦童话作家,被誉为"世界儿童文学的太阳"。他是享誉全球的童话大师。他的童话《丑小鸭》《皇帝的新衣》《卖火柴的小女孩》《拇指姑娘》《豌豆公主》《坚定的锡兵》《夜莺》等在世界各地家喻户晓。他的童话集《安徒生童话》被译成150多种语言在流传。我望着童话巨人塑像头戴着的一顶高高的圆礼帽,揣摩这里面蕴藏着什么秘密,是的,这里罩着156篇童话。我恍见礼帽的帽檐上爬着小妖精、小玩偶、小土克、小锡兵、小伊达……一只只数不清的手,白色的、黑色的、黄色的、棕色的手在抚摸塑像的手、手杖、握捏着的书,还有鞋面,那里的铜绿已经磨尽,露出亮亮的黄铜本色,它倾诉着来自世界各地的崇敬与爱慕。而在哥本哈根的入海口,那里有一块巨大的花岗岩石,上面有一尊小人鱼的铜像,这是安徒生的名篇《海的女儿》的主人公。我久久望着小人鱼那双忧郁的大眼睛,我想,安徒生与她都有不朽的灵魂。

我在德国的莱茵河上游览时,只觉得这河倒也平常,但河的一侧却有个叫哈瑙的小镇,那里出了一对举世闻名的人物叫格林兄弟。哥哥雅各布·格林是严谨的史学家,弟弟威廉·格林是文笔优美的作家,他们从1806年开始,用了8年的时间收集、整理德国的民间童话、神话、传记,加工出版了《儿童和家庭童话集》,这就是后世传诵的民间童话集《格

林童话》。虽然这不是一本创作童话集,但是自问世200多年间,已被译成世界上140余种文字,其中《青蛙王子》《灰姑娘》《睡美人》《白雪公主》等都是脍炙人口、妇孺皆知的名篇。许多名篇被改编成戏剧、歌剧、芭蕾舞剧、电影、电视剧,可以这么说,《格林童话》的影响已超越了它的国界与它的时代。在西方基督教国家中,它的销量仅次于《圣经》。我去过新天鹅堡、莴苣长发堡、黑森林与滴滴湖等地方,见到了骑士与天鹅、莴苣姑娘与巫婆以及白雪公主和七个小矮人生活的场景,在德国,《格林童话》无处不在。

我把我对这些经典作品创作的现场考察告诉读者,我说,这都是一些值得读的书。

只有读过这些书的童年才算完整的。

只有读过这些书的童年才不会缺憾。

出版社还会继续向孩子们出版、推荐这类书。

2017年10月12日完稿于坤阳大厦墨海居

三色蝴蝶在飞

安徒生

小人鱼

  我是在夜里踏上丹麦这片土地的,这已是当地凌晨一点多钟了,在哥本哈根转机的航班取消了,上海机场的雷雨使我们的行程延误了足足五个小时,我们必须住一夜,第二日凌晨六时再走。黑夜中,同行的两个女子有一个谈起安徒生的《海的女儿》,这女子并无因旅途劳顿而生的倦意,一直在兴致勃勃地说:它讲了一个小人鱼的故事,故事很美。慢慢我会讲给你听。显示另一个女子没有读过这个童话。我已很累,静听着。黑夜淹没了一切,哥本哈根没有留下一点印象,只听到一个女子对安徒生《海的女儿》的赞叹，然后在一个叫雷利斯的宾馆，烧了一壶水，喝了一杯咖啡，睡了一个小时又上路了。

我是在天上初次看到丹麦的。

这是一架迷你型的小飞机，由丹麦去芬兰赫尔辛基。机上仅有两名工作人员，一机长一服务员，服务员是一老者。空中看丹麦，犹如一块毛茸茸的玻璃，薄云在海的上空飘荡，海边是浅绿色的海水。山脉、田野是一幅深深浅浅的绿色画卷，白色的云堆一动不动地堆积在上面，远处的云如茫茫雪山雪地。丹麦在空中看像三面环海的花园，左面是北海，右面是波罗的海，我想到安徒生就曾生活在这座花园里，它是那么亲切，又是那般遥远。

我自幼就读过安徒生的《卖火柴的小女孩》，后来，在大学任教研究儿童文学，对安徒生以及他的童话作品有了更多的认识，1979年之后我结识了翻译家、童话家叶君健、任溶溶，我读过叶君健翻译的《安徒生童话全集》16卷本，这个译本曾被丹麦女王授予"丹麦国旗勋章"，这是全世界《安徒生童话》众多译者中唯一获此殊荣的，也是安徒生与叶君健作为作者与译者，因一部作品先后获得同样勋章的唯一先例。2010年8月27日《文学报》刊载了我写的《散记叶君健》，写了我与叶老的交往、友谊以及对他的文学成就见闻。我还读到任溶溶的《安徒生童话全集》四卷译本。1984年11月我又收到儿童文学界的朋友，儿童文学理论家、北京

三色蝴蝶在飞

师范大学教授浦漫汀赠送的安徒生研究专著《安徒生简论》。丹麦因安徒生而神圣,我对丹麦早已心向而神往。

就在7天之后,我重新踏上了这块土地。

瑞典赫尔辛堡与丹麦海尔辛格隔海相望,只需乘20几分钟的轮渡就可到达对岸。我在船上见到,船头休息区都是转椅,坐满了人,船中船下的餐厅里,人们都在喝啤酒吃西点。今天是假日,老人小孩、男人女人就来回在船上吃喝,也不下船,一派平和的快乐景象。倘若回望1805年,这是安徒生降生的岁月,这里的海面战火纷飞,丹麦深陷英法战争之中,丹麦与法联盟,遭遇英国海军名将纳尔逊率领的舰队的沉重打击,哥本哈根大海战,丹麦海军全部覆灭。丹麦战败,百姓苦难连年。安徒生父亲是个鞋匠、母亲是个洗衣女工,他们半饥半饱地拉扯安徒生长大。作家个人的命运与遭遇决定了他的审美情趣与审美判断,苦难让这鞋匠的儿子的内心装下了对穷苦人的同情与爱。因之,在后来的岁月里,安徒生能写下经典之作《卖火柴的小女孩》以及《她是一个废物》《单身汉的睡帽》《没有画的画册》《铜猪》等,刻画了一些不幸的弱者形象:小女孩、洗衣妇、单身汉、小画家等。此刻,海面是那般的平静,战争那一页早就翻去,我下船走过一条光洁而寂寞的街道,这是当初的军事对峙地带,战争的痕迹已不复存在。

战争的痕迹在城堡内。

我在克隆古城堡参观了关押瑞典士兵的地牢以及关押瑞典将军的深牢,还有水牢,四周一片漆黑,阴森森的,寒气透骨。还见到一长桌简易的指挥室,室外,就是黑重的坚炮,炮口都对着海面。丹麦的城堡封锁了海面,对瑞典、挪威的舰船采取见船必歼的战法。此时瑞典、挪威正逢瘟疫,丹麦强伏两国称王。这里有一幅油画是丹麦人喜爱的,画面上丹麦女王接受瑞典国王与挪威女王称臣,瑞典国王捧着王冠恭敬而立,挪威女王跪着,面带悲容。这是丹麦人的鼎盛时期,丹麦人至今还为祖宗的荣耀而骄傲。城堡最隐秘的地下室,有一尊威武雄壮的武士的铁铸像,这是丹麦的保护神,没有战争时,他在睡觉,一旦打仗了,他就会醒来走出这间密室。当然,现在他一定在沉睡着。人们倒希望他永远沉睡不要醒来。且看今日丹麦、挪威、瑞典的口岸,人来往如织,似乎无边界之分,犹如一国也。克隆古堡如今已更名为哈姆雷特堡,莎翁从英国商船那里得知了这一城堡,以此城堡为背景写下了《王子复仇记》,剧中王子哈姆雷特名气更大,因此而更名。堡外壁上有一莎翁头像壁画,引来无数人拍照,我也拍了两张。

我还去了与该堡毗邻的腓特烈城堡,此城堡与哈姆雷特堡形成对角相峙之势,两城堡炮火都集中于海面。这里有一幅海战油画,是丹麦攻打瑞典的一场海战,画面上火光冲天、烟雾缭绕,瑞典舰船残败混乱,丹麦舰船旗帜鲜明,列阵围歼,舰员欢呼胜利。丹麦战胜,后才有签约,瑞

三色蝴蝶在飞

典降伏,但是,战争的天平时常有摇摆,自1523年至1720年丹麦与瑞典有数百年的较量,这对宿敌打得难解难分,但都以丹麦失败而告终,丹麦终于像一个弃儿一样被瑞典送给了挪威。丹麦对瑞典曾有过臣服之快,也有过亡国之恨,但现在这都是历史了。腓特烈城堡大门上方的浮雕,是三头横躺着的狮子,这三头狮子象征着丹麦最古老的文德国国王的皇位,古城堡屹立不倒,丹麦人民照旧幸福地生活着。

　　安徒生对于古城堡情有独钟,有时他就住在古城堡之中,古城堡神秘的氛围,刺激了他的审美觉醒,新鲜而愉悦的审美快感的跃动,给他带来了无穷的幻想与创造力。1882年6月,他写了一篇创作手记《为我的童话和故事写的说明(1862)》,记载了他创作童话的成因与他的行踪,他写道:"1846年夏天我待在尼瑟城堡,托瓦尔森正好也在那里,他非常喜欢《情人》和《丑小鸭》,对我说:'给我们写个新的滑稽童话吧!你什么都能写,甚至能写一根织补针。'我马上走进房间,写出了那篇《织补针》。"又写道:"《小土克》是在去奥尔登堡的旅行途中想出来的,它包括我对童年的一些回忆。"还写道:"《卖火柴的小女孩》写在我去南方的外国途中逗留在格罗斯滕城堡时。在那里我接到弗林奇先生的信,内附三张画片。他要我就其中一张为他的年刊写个故事。我挑选了画着卖火柴的可怜小女孩的那一张。"有时城堡本身的景色也使他获得创作灵感,他写道:"在我夏天经常去度过几个星期的菲英岛,格洛鲁普城堡的花园里有

一大片土地长满了高大的牛蒡草,它们过去是种来喂白蜗牛的,据说白蜗牛是美味佳肴。牛蒡草和蜗牛给了我美感,使我构思了《幸福家庭》,在去伦敦旅行时我把它写出来了。"这些文字只有身临古城堡中才有直接而真切的感悟。古城堡给他带来的幻想美感是一般人难以想象的。这时,天空下起了细细的小雨,我打着雨伞离开了古城堡,古城堡在雾气中忽隐忽显,朦胧中飘浮着安徒生的影子。

我终于站在哥本哈根街头,清晰无误地见到了安徒生的雕像。这是在一条以安徒生名字命名的大道一侧,一座安徒生的铜坐像耸立着,铜像比一般真人高大了许多,这是巨人,这是我心目中的童话巨人。只见安徒生头戴一顶高高的圆礼帽,帽檐下露出一绺长卷发,一张瘦削的脸,眼窝深陷,高尖的鼻梁,面带微笑,侧着脸仰望远处,颈脖系蝴蝶领带,西服长外套,内有短马夹,左手拄一支带穗的手杖,右手手指嵌夹着一本翻开的书。街上行人稀少,一些古朴的褐红、青灰建筑的墙沿和房顶爬满了绿色的长藤植物,或者开着红花与黄花。

安徒生铜像四周挤满了拍照的人。我学着众人也在抚摸雕像那些光滑油亮的地方,铜质是冰凉的,然而,这位已经逝去170余年的童话巨人还活在人们心中,他用他那美丽非凡的童话滋润着世人的心田。我想起他说过的一段话:人有权利得到死后的生命。他获得了永生,他依旧活着。丹麦大物理学家奥斯忒对安徒生说,如果他的长篇小说能使他出

名,那么,他的童话将使他不朽。是的,不朽是他的童话作品,当天下午,我在海边见到了他的不朽名著《海的女儿》的主人公小美人鱼。

这是我第二次见到小美人鱼了,第一次我是在上海世博会,我在丹麦馆一个大大的玻璃房子的水池里见到她,天色已暗,灯光也不怎么好,还隔着围栏,虽然好客的丹麦人从万里之外运来这件真品,但我努力辨认,也没有看得十分真切。这回,我真真实实地站在了小美人鱼的身边,这是丹麦西兰岛朗厄里尼港哥本哈根的入海口。这是一尊由丹麦雕塑家艾瑞克森以他妻子为模特,根据安徒生《海的女儿》创作的小美人鱼铜像,她纤细、苗条,坐在一块离岸不远的巨大的花岗岩石上,十分娇美地侧身卷曲着带鱼尾鳍的双腿,右手臂支撑在岩石上,左手臂弯曲在身前。远望铜像,小美人鱼恬静娴雅、悠闲自得。走近细看铜像,会发现她浓密的长头发盘在脑后,那俊秀小脸儿上有一双忧郁的大眼睛。

这个小人鱼为何忧伤?安徒生为我们讲述了一个极其凄美的故事,这里只能简单叙述一下:一个生活在大海深处海王宫殿内的小人鱼,她是老海王的最小的孙女儿,按老海王的规矩,年满十五岁即可浮到水面,在月光中坐上岩石,看看海面上的世界。一次偶然的海难,她救起了一位英俊的王子,小人鱼随即爱上了王子,而王子从昏迷中醒来时,小人鱼已离去,以至王子误以为救他的是另一邻国国王的公主。小人鱼开始渐渐爱起人类来,盼望生活在他们中间,宁愿放弃可以活300岁的生命,也

童心书系列

想要得到像人类一样不灭的灵魂。后来,为了能与王子在一起,她求海女巫把她的鱼尾变成像人一样的双腿,她喝了海女巫的魔力药,从此再也不能回到爸爸的宫殿里来,而且每走一步,都像是在尖刀上行走。同时,作为交换,海女巫割掉了小人鱼的舌头,拿走了她最甜美的声音。小人鱼忍住如双刃剑插进身体的剧痛,有了完整的人形,却成了哑女。海女巫说,如果王子和别人结婚,那他们婚后的第一个早晨,小人鱼就将化成海上的泡沫。而哑女无法向王子挑明真相,王子误娶了邻国国王的公主,悲剧就降临了。

表面看来,小人鱼的忧愁与悲伤是因追求的与凡人的爱难以实现,而显露的人之常情。其实,这小人鱼是安徒生的化身,安徒生生在丹麦战乱,之后又战争不绝,他始终在为苦难的祖国忧虑,他借小人鱼的悲剧倾吐了对这一片土地的深情与热爱。是丹麦这三面环海的美丽触发了安徒生的遐想,可以这么说,没有海的存在,安徒生未曾看到过这海,就不会有这篇经典童话的诞生,生活环境决定了安徒生能写出这样不朽的作品。安徒生怀着对这片海真挚的爱,将海底世界描绘得那般纯净,那般神奇,"那里生长着最奇异的花草树木,它们的叶子和枝干是那么柔软,水哪怕是最轻微地动一动,也会使得它们摇晃起来,好像它们是有生命的。大鱼小鱼在枝干间游来游去,就像我们这里地面上鸟在树木间飞来飞去一样。在最深的地方耸立着海王的城堡,它的墙是用珊瑚砌的,

三色蝴蝶在飞

它那些哥特式的长窗嵌着最明净的琥珀。屋顶是贝壳铺的,水在它们上面流过时,它们就一开一合。它们看上去真是美极了,因为每个贝壳里都有一颗闪闪发亮的珍珠,它们做王后的珠冠实在是再合适不过。"作品中时不时地出现这种美妙无比的海的场景。

尽管战争对他的精神造成极大伤害,他在另一篇《为我的童话和故事写的说明(1874)》中写道:在那个小册子(《蜗牛和玫瑰树》)出版之后,开始了漫长的苦难岁月。战争的年代。丹麦丧失了阿尔斯和石勒苏益格。谁还能去想别的事情呢?一天天一年年过去,什么故事也没有写过。他始终如一地对未来充满了美好的憧憬与幻想,所以,小人鱼化为泡沫的描写不是为了表达绝望,而是为了让美永存下来,他写道:"小人鱼却没有感觉到她在死去。她看到明亮的太阳,看到在她周围飘浮着千百个透明的美丽人形。"她化作了"天空的女儿",他又写道:"无影无踪的小人鱼吻了一下新娘的前额,吹拂了一下王子,接着就和其他天空的女儿一起乘上玫瑰色的云朵,升到天空去了。"小人鱼与天空的女儿一起,用她们的善行,同样可以得到"不灭的灵魂"。其实,安徒生本人就是"不灭的灵魂",在他离开人间 170 余年之后,2013 年获得诺贝尔文学奖的加拿大女作家门罗,在她题为《爱丽丝·门罗:在她自己的文字里》的演讲稿中说,她回忆自己最初开始的尝试写作,就是因为受到安徒生童话《海的女儿》的影响。安徒生就在美丽的星空之中。

我在小人鱼铜像附近的小商店内,购得三枚银色美人鱼镀镍磁铁工艺饰件,送给儿子、女儿各一枚,我自己留下一枚,至今仍贴挂在我书房玻璃橱的一片镀金的铁质叶片上。

山妖与树精

维京战船

  一个民族的性格是生存的历史造就的。挪威这个只有 400 多万人口的小国,北极圈横穿北部,冬天 6 至 7 月没有黑夜只有白天,夏天的下午就已入夜,冰封严寒,历经千年,能在人类最不宜居的北极幸福地活着,成为世界上最富有的国家之一。

  我在挪威首都奥斯陆见识了它的繁华与时尚。我沿着奥斯陆以首位国王名字命名的最主要的卡尔·约翰大街前行,在古老的国家剧院门前的广场上,瞻仰了戏剧大师易卜生的雕像;在简朴的市政大楼的台阶

上，欣赏了一排耸立着的铁匠、瓦匠、木匠、猎人等诸多普通劳动者的塑像。在市政大厅了解了颁发诺贝尔和平奖的场景，并购得一册介绍奥斯陆的彩色画册，后来，我还去了王宫以及扼守奥斯陆入海口的御用要塞——阿克洛克斯城堡。

真正让我找到挪威人性格影子的却是三处场所。一是位于奥斯陆北面山坡上的候门库伦跳雪台，这座高大建筑物造型优美，雪白的台体高达百米以上，站在地上仰望，根本看不到它的全貌。台体上绘有蓝、红两色图画，蓝色绘的是挪威北部的驯鹿，红色绘的是夏季挪威北部特有的奇妙自然景观"午夜太阳"，此意象征着雪原上的驯鹿用角顶起不落的太阳，挪威人以此诠释冰雪运动的含义。从跳雪台可俯视整个奥斯陆市区全景。跳雪台已有150年历史，当初却并非用来进行滑雪运动，而是用来处置死刑犯，被宣判死刑的人身绑滑雪板从高台上滑下，死了就算，不死即放。但十之八九被摔死，凶狠而独特的刑法，可见那时挪威人的强硬性格。

二是参观了海盗博物馆，那里陈列着维京时期的海盗船，这是一种龙头尖尾的浅底船，速度快而灵活。这些头戴牛角头盔、手持板斧的维京人，其实就是北欧海盗，包括了丹麦人、挪威人、瑞典人。维京人就驾驶着这种整株橡木雕琢的木战船，从公元800年至1050年征服了波罗的海沿岸，俄罗斯的内陆，法国的诺罗底，英国、西西里、意大利南部和巴

勒斯坦的部分地区。他们所到之处烧杀抢掠、洗劫一空,让人闻风丧胆,魂飞魄散。北欧海盗的行径声名狼藉而又充满传奇色彩。他们的强悍、凶狠在今天的挪威人眼里,仍是值得崇敬的。

　　三是在维吉兰雕塑公园见到的以人生、生命为主题的裸像群,这是用铸铁、铜和花岗岩三种材料雕成的212尊雕像,大约600多个人物。这是挪威著名雕塑家古斯塔夫·维吉兰用40年时间精心设计建造的。其中一尊铜塑的"愤怒的男孩"最为著名,这孩子大约四五岁,圆脸、光头,全身赤裸,他不知为何事愤怒了,一脸怒气,嘴大张着吼叫,两手臂曲张着使劲全力地叫,连一条小肉腿也叫得提了起来。这就是挪威的孩子,他们承袭了父辈们的强悍性格。

　　然而,更深沉的挪威性格却在山林与峡湾之中。

　　挪威是千岛之国,山林覆盖,峡湾环抱。

　　我乘船去了号称"峡湾之王"的松娜峡湾,这是世上最长最深的峡湾。挪威人视峡湾为灵魂,并以此为荣,认为峡湾象征着挪威人的性格。挪威的峡湾是第四纪冰川作用形成的,由于沉重的冰盖垂直运动,冰川向下刨蚀山体,在山体边缘刨出了一道道深谷,后来间冰期来临,地球变暖,冰川消融,刨出的峡谷便显现出来,海平面上升,水进入了这些陆地边缘的峡谷,便形成了峡湾。这是200万年的海与陆地的战争,这战争是没有胜负的。顽强与坚韧是双方的性格。

童心书系列

　　这是一艘不大的游船。有一船舱,舱顶一长凸的玻璃挡板,有一圈软椅,放八张半圆长台。两舷各一排方玻璃。坐在椅子上可见峡湾两岸山体,山上时而有飞悬而下的雪山瀑布。偶见山间的梯田与白红三角顶的小屋。有码头,泊有小艇。山谷深处的山顶还有积雪。船尾追随着几只白羽海鸥,细看翅尖上有两块黑斑,背羽浅灰,腹毛雪白。一鸥似半空停悬状,不见它翅羽飞拍扇动。山脊遍地长满矮松、山衣与山苔。松丛一直漫长到水面。由于雪峰冰融后注入的淡水不一,峡湾的海水颜色也不一样,有蓝色,有绿色,有一处,水绿得异常浓郁。也有岩滩伸入水中。有一汽艇贴着岩沿飞驰,留下白亮的浪迹。见一黑底白身有两支黑红相间烟囱的游船缓行,水泛着条状光带。

　　就是这样的峡湾、山林孕育出了山妖、树精的童话。

　　这山妖与树精正是我寻找的挪威人性格的实体具像。

　　在峡湾小镇,一幢幢童话般的木屋里,我见到了山妖与树精。这一屋子的山妖与树精,是一个个大小不等的玩偶,安放在一排排巨大的木橱的搁板或木台上。山妖是男性,树精是女性。其形夸张而怪异,皆是头发披散,蓬乱如麻,巨耳肥腮,眼圆如滚珠,笑张着大阔嘴,露着一两粒残存的白大牙,高耸着一柄如炬的鼻子,有着粗短的四根手指以及同样四趾的蒲扇大脚。树精身着形态各异的白、绿、红、紫花裙,山妖身着或是黑、绿、红相间的武士盔甲,或是马夹、吊带长裤,或是系领结彩服。其

三色蝴蝶在飞

间有双头山妖、连体山妖、白发拄杖的老山妖、天真玩耍的小山妖、捕鱼的山妖、牧羊的山妖、舞蹈的山妖。还有坐着龙头尖尾海盗船、戴着海盗牛角帽的山妖。

我在山妖与树精的世界里，捧读到一本《山妖与树精的故事》童话绘本，这是中文版的，写的是山妖与树精在灶台、羊厩、果园、牛棚、柴堆、地窖出现，帮助人类做善事的故事。我在国内未见到这个版本。这使我想起安徒生写的《妖山》，他这样描绘从挪威来的老妖精："多夫雷山来的老妖精站在那里，头上戴着用硬冰和擦亮的松果做的王冠，身上穿着熊皮袍子，脚上蹬着暖和的大靴子。"这妖精形象似乎与眼前的山妖与树精不一样。可是，他在作品中还说到，这是"长尾巴的第一流老魔头"，有着长尾巴该是山妖了。

挪威的山妖与树精的故事一直在流传着，据传山妖与树精是挪威的原住民，它们有着超自然的力量与魔法，可以变幻成一个俊美的女孩来引诱年轻男子，当然，它的尾巴是没法变掉的。它会用长鼻子当搅棒来熬粥，还会躲在磨坊的角落里拉小提琴。如果它得到了一个山民的施舍，哪怕只是一碗粥，那这个山民也很快便会交上好运。当然，如果它无故被触怒，也会立时让侵犯它的对象遭殃。我在想，挪威的山妖与树精之所以为人们所喜爱，这种天然纯真的笑意，一尘不染的孩子式的模样一定功不可没，它们虽外表丑陋无比，甚至面容可怖，却展示了一个民族原始性格的美，这种性格的美是单纯而洁净的，是毫无渣滓的美，这种性格的美透显着雄气勃勃的信心与力量。我们常常为一些民族的原始性格的美感动着，由此可见，原始性格的美才是最纯朴的美。

到过挪威的人都说，挪威的山妖与树精是幸福的化身。

阿斯特里德·林格伦

皮 皮

这艘 5 万吨级巨型的游轮下午从芬兰赫尔辛基出发,经过一夜航行,横贯波罗的海,第二天早晨,我到达了瑞典海面,前方的去处是瑞典首都斯德哥尔摩。

我的阅读经历告诉我,瑞典是长袜子皮皮的故乡。皮皮是一个 9 岁女孩,她有一个冗长而奇怪的名字:皮皮露达·维多利亚·鲁尔加迪亚·克鲁斯蒙达·埃弗拉伊姆·长袜子。不过,我们还是按习惯称她长袜子皮皮吧。皮皮的长相也很容易使人记住:一头红头发,扎着两根粗

粗的像胡萝卜一样的小辫子；满是雀斑的脸，生着个和土豆差不多的鼻子，鼻子下面的嘴巴可不小，但笑起来挺好看，总露出一副非常整齐的白牙。皮皮的穿着也很奇怪，她总穿着一双不配套的怪袜子，一只脚穿黑色的，一只脚穿棕色的。鞋子比她的脚大一倍，这是一双黑色的大人皮鞋。皮皮是瑞典被称为"童话祖母"的女作家阿斯特里德·林格伦笔下的人物，她的这部童话《长袜子皮皮》红遍了全世界。

我对这个雀斑女孩并不陌生。上海世博会期间瑞典馆的向导就是她。我推着一辆童车，童车上坐着我3岁的孙子，孙子望着雀斑女孩一直尖叫，我们还看了雀斑女孩住的小房子，这木头小房是按童话的描绘制作的。

此刻，阳光沐浴船身，海湾平静。航道之外，是一座一座小岛。瑞典是"千岛之国"，有数也数不清的小岛。小岛上的一丛丛的树林与一幢幢白色、红色的小房子，也都在高照的阳光里。岛的岩石坚硬开裂，上有塔松。这岩石与树丛是点燃林格伦创作长袜子皮皮幻想的原火，她只熟悉瑞典南部莫兰省一个叫维默比的小镇，这是她1907年11月出生的地方，那里有一座500年历史的红色老砖房，还有环绕着的苹果树。这是皮皮的乱糟糟小木房的原型。我想起林格伦的一段话，她说：我只知道维默比的乡村孩子，更确切地说过去的维默比乡村孩子们是怎样在一个小城镇里长大的。我写的大多数故事都在维默比这个城镇的某个场景

三色蝴蝶在飞

发生。我想,小岛上的红色小房子就是类似林格伦说的皮皮的那个小木房。我沿船舷走了一圈,船头有一长方雷达在旋转。这船一定比林格伦写的皮皮的船长爸爸的船大多了,皮皮的船长爸爸是被一阵风暴卷进大海失踪的,皮皮相信她的爸爸不会被淹死,而且她爸爸一定在一个黑人居住的小岛上做国王。林格伦的生活基础,就是这四面的海水与海面上的船只。我走到宽敞的船尾,那里的一条凳上有三个老太太在抽烟,外国女人多抽烟,老太太更盛。这里看出去视野很开阔。一大群灰白色的海鸥,上下盘旋着拍翅尾随,大船犁出的浪带翻闪着白晃晃的亮光,留退到很远很远的地方。

有一灰色的古堡,一座又一座码头上都停着各式娇巧的小艇。海湾与海岛的静美如诗,这便是童话。于是,林格伦让长袜子皮皮带着小伙伴们一次又一次去航海,一次又一次历险。让我饶有兴味的是那一节"皮皮劝告鲨鱼":一条小鲨鱼差点咬住皮皮小伙伴杜米的腿,被皮皮双手抓住了,并被举出了水面。皮皮说:你真不知道害羞。接着又对小鲨鱼说:如果你保证不再做坏事我就放了你。之后,她使出全力把小鲨鱼扔到很远很远的海里去。但是,她放走了小鲨鱼却哭了起来,小伙伴莫莫问:你哭是为了杜米差一点被鲨鱼吃掉吗?皮皮说:不是。我哭是因为那条饿得要命的小鲨鱼今天没吃到早饭。看到皮皮这句不可思议的回答,让人忍俊不禁。这完全是孩子式的仗义与善良。林格伦也真想得

出来。

　　这是上午 9:50 分的时候,大轮船肚内驶出了许多轿车与房车。我到达了瑞典首都斯德哥尔摩。这个由 14 个小岛组成的岛城,被散布的梅拿仑湖水托围着。我站在市政厅花园的绿地上,眼望湖水,湖水并不清澈,水近似红铁水一般,当然并无异味。湖色与古老典雅的建筑融为一体,闲淡而秀丽。我想起,林格伦在她二十多岁时来到这个城市求学,后来,一直都生活在这个城市里,她在这里写下的第一本让她声名鹊起的童话作品,就是《长袜子皮皮》。但是,这个皮皮并不是有着奢华王宫皇城的人。在市政府门前要高仰着头才能看清,南门一座塔的绿色圆球细细的尖顶上有一银色的月牙;北门高耸的一座红砖塔,据说由 8 万块红砖砌成,六角金球尖上有三顶镀金王冠。这些不属于皮皮,也不属于林格伦。至于市政厅的蓝厅、议会厅、王子厅、金色厅,它们的神秘与离奇故事也不少,也都没有引起林格伦的目光停留。我去了皇后宫岛,还看了瑞典皇家卫队的换岗仪式。我用手机拍了录像。最后一幕旗手挥着军旗然后卷起,肩旗退场也很好玩,这些都没有引起林格伦的兴趣。

　　林格伦关注的是那个有着她深深童年印记的乡下小镇,这是一种浑然天成的记忆,是随意而生的故事,可以说,她并无成为大作家的奢望。这不过是一个偶然而平常的一天,她七岁的女儿卡琳病了,每天晚上她守候在卡琳床边,卡琳都提出同一个要求:妈妈,给我讲一个故事吧!这

三色蝴蝶在飞

天晚上,她虽然很累了,但她还是问卡琳,我讲什么呢?卡琳答道,讲个长袜子皮皮。卡琳随即就编出了这么个名字。她没有问卡琳谁是长袜子皮皮。她开始给卡琳讲长袜子皮皮的故事了。又是一个偶然的事件,这是一个白雪茫茫的夜晚,她沿着斯德哥尔摩市中心的一条街道步行,路面上覆盖着冰,加上新下的雪,她滑倒了,脚伤得不轻,不得不躺在床上一段时间。为了度过病床上难熬的时光,她决定用速记的方式把皮皮的故事写下来。就这样有了《长袜子皮皮》第一个速记版本。这已经是给卡琳讲故事三年之后的事了。这皮皮却是一个乡镇的奇怪的小丫头。小丫头能够一手举起一匹马,能够一口气吞掉一整个蛋糕。这奇怪的乡下小丫头一下子出了名,成了世界名人。

不过,有一点我还是注意到,林格伦特别说到皮皮对海盗的崇拜。譬如,"皮皮玩海上遇险"中,皮皮学着从一本讲海盗的书中得来的歌:十五个水手站在死人的棺材上,手持一瓶朗姆酒高唱:嗨呀,嗨呀。皮皮反复用沙哑的声音唱着,皮皮对她的小伙伴杜米说了自己当海盗的想法:加勒比海上的凶神恶煞将是我俩,杜米。我们掠夺黄金、首饰和宝石,在太平洋一个无人居住的岛上找个山洞,我们就把珍宝都藏在那里。洞口放上三根大腿骨头看门,我们做一面旗子,上面印上骷髅和交叉成十字的腿骨。我们唱"十五个水手",让歌声从大西洋的这一头一直传到另一头,所有航海的人听到我们的歌声都会魂飞魄散,赶紧跳到海里去逃避

我们血腥的报复！又如，在最后一节"长袜子皮皮不愿长大"中，她的小伙伴说，你长大不是想当海盗吗？皮皮说，我可以成为一个很小很小又凶又狠的海盗，四处游荡，东抢西掠。

关于长袜子皮皮的海盗情结，我在市政厅的议会厅得到了印证。议会厅是庄严、权威之处，设101席位，代表左右各党派势力，女权中心女性占55位。中席是财政厅官员，听取意见决定财政支出拨款。每席有按钮5个，绿同意，红反对，黄弃权，另有发言与听取意见按钮。左侧席民意代表，右侧席记者。就这么一个议政重地，房屋的顶篷却是一只倒扣在头顶的大船，显露着一根一根船体的龙骨。设计者的灵感取于瑞典维京人早期的住处。瑞典人的祖先是海盗，居无定处，翻船为家。瑞典人、挪威人、丹麦人对海盗祖先的劣迹、恶迹并无悔意，反而敬仰海盗祖先的强盛与威猛，其民族意识确是崇尚海盗的天性自由与快乐。林格伦觉醒到海盗祖先的血脉仍在延续，所以写出了长袜子皮皮对当海盗的向往。

其实，人类的天性就在于自由、快乐，并非海盗所独占。正如2004年5月26日林格伦第二次获得瑞典儿童文学大奖时，瑞典首相约朗·佩尔松致辞所言：长袜子皮皮之书的出版带有革命性的意义。林格伦用长袜子皮皮这个人物在某种程度上把儿童和儿童文学从传统、迷信权威和道德主义中解放出来，在皮皮身上很少有这类东西。皮皮变成了自由

人类的象征。

　　林格伦的童年记忆顽强而真挚，除了长袜子皮皮，她还写了许多乡镇孩子的童话，直到三十年后她熟悉了斯德哥尔摩群岛，才写了另一部重要都市童话《小飞人卡尔松》。但是，终究人们还是更多地记住了长袜子皮皮。

　　林格伦与长袜子皮皮还是斯德哥尔摩的一道文化标志。在斯德哥尔摩的动物园岛的西北海岸，有一个叫"六月坡"的儿童博物馆，陈设着林格伦一生为孩子们所写的100多种童话书，毫无疑义，皮皮还是这里的主角，这里可以见到皮皮双手举起一匹花斑小白马的画像，还有皮皮住的那个乱糟糟的小木房，院子里晾着皮皮的长袜子。登上神奇的童话火车，可以结识林格伦笔下所有童话人物。这个"六月坡"吸引了来自世界各地的游客的目光。

　　我在码头、地铁、超市、儿童商店、书店、旅游纪念品店到处都见到《长袜子皮皮》的书籍与各式纪念品。皮皮快乐、自由的天性影响着瑞典人的时尚生活与教育。那天下午，我在街头见一瑞典姑娘，两条梳得硬邦邦的小辫子，脸上点了人造雀斑，两条腿上，一只脚是红白相间圈状纹的长袜子，另一只是灰黑一色的长袜子，上身是随意的长袖衫。这是一个活脱脱的长袜子皮皮打扮，我注视着看她，开始她并不察觉，后来知道我在看她，她从一长条椅子上跳了起来，做了一个可爱的鬼脸动作，我为她拍了照,我与她都哈哈大笑起来。长袜子皮皮成了时尚流行的符号。

我还听一位瑞典朋友说,对于孩子的涂鸦,不论好坏,除了夸赞,还是夸赞,孩子无须按大人的意志来画。人类自由与快乐的天性从儿童时期就应该得到尽情释放。

彼得兔

毕翠克丝·波特

英国的温德梅尔湖是值得一去的。湖光山色以及女作家毕翠克丝·波特和她的童话人物彼得兔们都让人流连忘返。

我乘上一艘不大的游船慢悠悠地在温德梅尔湖上游览。湖水清亮而平静,倒映着起伏而横贯的坎伯里山脉与厚实、浓郁的树木,靠岸处有几桅单杆的帆船静泊着,绿丛中点缀着白墙、红顶或灰色的小屋,湖面上的活气与动感,来自那些丰腴优雅的白天鹅、贴水而飞的灰鸭子以及一群展着长翅盘旋的灰白海鸥,时而有一两声鹅、鸭、鸥的叫声,惊碎了闲

淡的寂静。如此美妙的湖色,引得英国湖畔诗人华兹华斯长期逗留湖区,度过了大半生,并写下经典片段"温德米尔少年",华兹华斯赞美说:"这是眼睛和心灵享受的地方。"

还有一位与温德尔湖结缘的作家,就是波特女士了。波特出生在英国伦敦一个富裕的中产阶级家庭,自幼随父亲每年7月、10月去湖区的林德斯霍庄园度假。在那里,波特第一次见到了半人高的灌木篱墙,白色的乡村别墅,随意摆放的白色座椅,布满青苔的石阶和可爱活泼的小动物。《彼得兔的故事》的所有灵感均来自于这个古老的庄园。她后来购买下这所庄园别墅,供母亲养老,她时常来此庄园看望她的母亲,在庄园内散步,眺望湖景,并写下了彼得兔系列中《小松鼠台明的故事》和《小猪勃朗》两个绘本。波特在湖区还买下另一处居所,名为丘顶农庄,她人生最主要的时光都在这里度过。波特后期的"彼得兔"系列中很多故事的场景原型随处可见,楼道里铺着红地毯,那就是想吃布丁的小老鼠冒死推过擀面杖的地方,碗橱下,就是它们的家,院子里,鸭子杰玛曾经在生菜下面藏过它的蛋。还有童话故事里的小店、乡村社交和邻家的猫。波特迷恋湖的自然美景,珍爱小动物的生命,在她的庄园里豢养着很多宠物,蛇、蜥蜴、蝾螈、小松鼠、小刺猬、小猪,当然更少不了可爱的兔子,其中有一只从伦敦买的小兔子叫"本杰明",日后成了她童话中的一个主角。还有《平小猪的故事》里面那只漂亮的小猪,它是波特用奶瓶喂大的

忠诚的伙伴。

　　波特沉醉于大自然之中,流连于小动物的性灵之中,她的灵魂融合了自然与生命、童真和快乐的旋律。1893年她以信件的方式,绘了一些插图故事,寄给了曾在她家做过家庭教师的5岁残疾儿子——诺爱尔,这就是她最早的《彼得兔的故事》绘本童话。1902年,她自费出版了这本童话绘本,获得了意外的成功。自此,她开始了她的精彩人生,每每创作一个童话故事,都是自己同时创作插图,由几十幅精美生动的插图紧密配合故事情节,给世人留下了许多经典形象:彼得兔、本杰明兔、格尔斯特市的小老鼠、松鼠提米脚尖儿、平小猪、杰米玛鸭子。她的故事几乎被翻译成每一个主要语种,版本无数,销售量以千万计。在英语国家里,几乎每个孩子都有过一两本《彼得兔的故事》或者《汤姆小猫》。

　　这湖也见证了她的真挚的爱情,粼粼的湖水记载了她与出版商诺曼·沃恩的恋情,恋人英年早逝使她痛苦万分,她与湖相守,她与小动物们相守,多年之后,她在湖区又找到了真爱,与律师威廉·希利斯志同道合、相伴终生。大自然的美、小动物的生命美,促使波特写下了赞颂自然美和歌唱小动物生命美的童话。这时,我眼望着烟波朦胧的湖水延伸的远方,不禁感叹:温德梅尔湖水将与波特及她的彼得兔们的生命永远共存。是的,波特在她身后向英国国民信托基金会捐赠了她用稿费购置的湖区4 000英亩的田产,其中包括15个农场和许多景色优美的地区。她

保护了湖区的自然风光,遏止了铁路、造林和城市的入侵。波特的灵魂就在美丽的湖景之中。

"毕翠克丝·波特"的展览馆就在小镇上。我沿着斜斜的山道走进这个小镇,见到了这所小镇通常的石屋。它是褐色薄石片砌叠的石墙,显得苍老而古旧,一扇白色的小门,左右各一竖长的广告画牌,上顶玻璃顶棚,下接大块灰黑长方石板地,画牌画着一只鸭、一只兔,橘红的底色,兔、鸭都是白色的。这兔子竖着大长的耳朵,两目上扬,圆腮细须,一双前爪作拱状,后爪站立,披一袭蓝小衫,这是波特笔下的彼得兔了。再看那鸭,长颈上扬,黄扁嘴翘着,脖上围着淡蓝的披巾,戴着一顶宽边的帽,花围裙,一双带蹼的黄爪叉站着,这该是母鸭洁米玛了。小屋分两层,楼下是茶室,茶具柜橱内的杯、盆、瓷匙也都是彩绘的彼得兔。二楼设有一尊波特的雕像,逼真得似有活的生命,波特有两条细眉,秀长的眼睛,鼻梁挺直,薄唇微笑,一张端丽的小脸,头戴一顶带羽的咖啡色的小圆帽,貂皮围脖、护手,深褐色套衫,一条淡棕色长裙,她端庄而高贵地坐着。她的四周拥围着彼得兔、母鸭洁米玛,还有小松鼠提米、小猫汤姆一些木制的玩偶。小屋的后院也安放着彼得兔的石像,双爪举着指路牌。这场景使我对波特以及她写的那些人物有了真实的感触,一切都变得生动而鲜亮起来。

木偶匹诺曹

卡尔·科洛迪

佛罗伦萨是意大利文艺复兴时期的圣城。我在这座古城的市政广场瞻望了意大利文艺复兴三杰：达·芬奇、米开朗琪罗、拉斐尔的雕塑经典之作；见识了这场改变人类命运的文艺复兴运动的组织者与领导者——美第奇家族的兴衰史；目睹了文艺复兴的第一标志——圣母百花大教堂。还面觑了伟大的但丁，在一幢两层的古石屋墙壁上挂着一幅身穿大红衣袍的但丁像，脸阴沉着，有一长长的鹰钩鼻子。这鼻子是典型的意大利人的鼻子。这鼻子使我想起《木偶奇遇记》中，小木偶匹诺曹尖

长的鼻子。偏巧写这本书的作者卡尔·科洛迪 1826 年 11 月 24 日就出生在佛罗伦萨乡下的一个厨师家庭。当然,这离但丁辞世已经过了五百多年了。

科洛迪为人类留下了一个不朽的形象——木偶匹诺曹,木偶匹诺曹的形象也成了今天这座古城的一道风景线。我见到在那些狭长的古石板小街两侧的游人如织的小店内,都陈列着大大小小的尖鼻子木偶,还有一种能活动的提线木偶。

佛罗伦萨留下了科洛迪的足迹,这个当初来到这里的年轻人,不过是一个穷小子,而且本名叫卡洛·洛伦齐尼,他在这个古城的最初岁月是艰难困苦的,他从一所教会学校毕业后,曾给一些小报写写短稿。1875 年,他的朋友菲利切·帕吉请他翻译了两篇法国的贝洛的童话,受到了小读者的欢迎。此后,科洛迪写了一些儿童小说、童话与配合教学的读物,如《小手杖》《小木片》等,并无太大影响。

命运走到 1881 年 7 月,这年他已 57 岁,一个不经意间,写出了他最主要的作品《木偶奇遇记》。他有一位朋友在《儿童日报》工作,一天,他的朋友接到了这部稿子的前几章,手稿内还附了一张条子,写下这样一行字:"这点傻玩意儿,请随便处理好了。"他的朋友随即在《儿童日报》上连载了前几章,意想不到地获得了小读者的欢迎,他的朋友赶紧催他写下去,据说当时他正欠赌债需要还钱,也就一章一章写下去,报纸也一期

一期连载下去。

这个故事描写的是一个老木匠找到了一段木头想做台子脚,谁料木头会说话并知痛痒,这可吓坏了老木匠,正巧邻居穷苦的雕刻师盖比都想雕刻一个小木偶混口饭吃,老木匠怕惊吓,便把木头送给了盖比都,盖比都把木头雕刻成了一个尖长鼻子的小木偶,并为它取了一个名字叫匹诺曹,盖比都就成了匹诺曹的爸爸,从此这个木偶匹诺曹的奇遇就开始了。

这是作者第一次用科洛迪的笔名发表的童话作品。科洛迪是洛伦齐尼的家乡,准确地说,这是洛伦齐尼母亲的家乡,在这部作品里许多是他童年对家乡的记忆,而连佛罗伦萨古城的一点影子也没有。譬如说,科洛迪家乡附近就有一个叫圣米尼阿托的小村子,这个村子的原地名就叫"匹诺曹",是在1924年才改名为圣米尼阿托的。据考证这个村子里的人也都叫匹诺曹,或者叫匹诺奇尼,所以,科洛迪在书中写道:"还是管他叫匹诺曹吧。这个名儿会带给他幸福的。我知道有一家人家都叫匹诺曹,爸爸叫匹诺曹,妈妈也叫匹诺曹,孩子们就叫做小匹诺曹。而且他们每个人都生活得不错,真是一个幸福家庭。"又譬如,小木偶与狐狸待了一夜的"红虾旅店",其实也是乡下的一个真实的"白净旅店"。《木偶奇遇记》中有这样的描述:"狐狸和猫骗木偶说:'大家在红虾旅店歇几个小时,半夜再走,明天天亮,就到神奇的土地了。'"而"神奇的土地"这个地名，在圣米尼阿托村的历史地图是"神奇之源"的地名，有趣的是，甚至连猫和狐狸也可在这份历史地图上找到出处，图上标着"狐狸泉"，还有两处叫"猫"的房子。

我还寻找到这部书稿起因的另一种说法，似乎与佛罗伦萨这座古城有关，科洛迪曾参加过意大利独立解放战争，他听说过一个叫匹诺曹的矮人小鼓手，在战争中失去了双手、双腿和鼻子，之后，在一个魔术师的帮助下，他的两手、两腿都装了木头假肢，鼻子也装了木头支架，他没有闲着，在一家剧院工作直到终死。科洛迪很可怜这个鼓手，就把他写进了童话。这种说法是否可靠没有更多的考证。

但是，科洛迪这个离佛罗伦萨乘火车只有一个半小时路程的小乡镇是真实存在的。这是一个有3 000余人口的小村镇，这里是匹诺曹的故乡。意大利政府和科洛迪财团在此经营着科洛迪博物馆。馆内展示着作家科洛迪当年的手稿和译成68种语言的1 200多种不同版本的匹诺曹童话故事书。在小村镇陡峭的街道两边的商店内外，匹诺曹的雕像、图画、旅游纪念品无处不在，小村镇的主要景点是匹诺曹公园，园内除了用镶嵌画和雕塑展示木偶经历的经过，还建有一座铜像，这铜像是两个人物在舞蹈，一看就明白，低矮瘦小的木偶如书中的模样：一尖顶小帽，是用不新鲜的面包屑和着水塑成的。尖长的鼻子翘仰着望后面一个女人。木偶的身上是用花的厚纸做的一套衣服，鞋子是用树皮做的。木偶

双手被那女人牵着起舞。那女人也是尖顶帽,这就是生着青头发的美丽的小仙女,高挑而妖娆,笑着与木偶共舞。仙女的头顶还有长嘴的鸟张着长翅。仙女在匹诺曹快要死时帮助了他,匹诺曹后来称呼仙女为妈妈。铜像下面如树桩的台柱上刻有两句话:"献给不朽的皮诺乔(即"匹诺曹"的不同译名)——满怀感激心情的4岁到7岁的小读者。"

《木偶奇遇记》最初的稿子到第16章就结束了,并没有等到小仙女来救他,这时的小木偶匹诺曹遇到两头黑熊强盗,被吊在一棵大橡树上,后来昏死了过去……科洛迪原想就此结束,停止连载,但他又想到,匹诺曹虽然因贪玩而逃学,因贪小而受骗,可不过是个天真无邪的孩子,头脑比较简单,自制力比较差,这是很多孩子的通病,所以,让小木偶吊死不符合小读者的心愿,而且小读者无法接受这个悲惨结局。后来,他又增加到36章,改变了故事结局。因而才有了现在这样一个完整的童话故事:匹诺曹是一个心地善良的孩子,虽然顽皮,有时还搞点恶作剧,但心里总想记住他那个雕刻他的穷爸爸的话,因为爸爸穷得连一本识字课本都买不起,爸爸卖掉了一件补满补丁的旧外套才有了这本识字课本,可怜的老头儿下雪天只能穿一件衬衫冻得发抖。可是,匹诺曹最大的毛病是经不起诱惑,然而,这个世界上诱惑太多了,诱惑给他带来许多奇怪惊险的灾难。还有那个与他作对的鼻子,只要说一句谎话,鼻子就长一次,说两句谎话就长两次,不停地说谎话就不停地长,匹诺曹吃尽了鼻子的

苦。匹诺曹挡不住看一场木偶戏的诱惑,随即忘了穷爸爸还在雪中受冻,忘掉了穷爸爸的叮嘱:做一个好孩子,忘掉了穷爸爸用旧外套换来的识字本,于是,差点被食火者烧死。食火者可怜小木偶的爸爸的境遇,给了他五块金元,又被不怀好意的骗子狐狸与猫盯上,小木偶经不起狐狸与猫的花言巧语,听信了在奇怪的田里能使五块金元长出一株挂满金元的树来,上了当,被狐狸与猫骗走了钱,还被两头强盗熊追杀,差点吊死在树上,幸亏遇到了小仙女救了他。小木偶听从仙女的话去上学了,认了仙女为妈妈。可是又惹了麻烦,听了坏朋友的话,不读书旷课去海边玩,被渔夫捉去又差点被当油炸鱼吃了。之后,小木偶自己与自己反复较量,还是听从了同学蜡烛心的主意,去了一个不要读书的玩具国,小木偶与蜡烛心以及许多不想读书的孩子都变成了一头驴被卖了。又是仙女显灵救了他,让他变回木偶,这时,他才真正觉醒要做一个好孩子,最后他从鲨鱼肚皮里救了思念自己的穷爸爸。他用5个月的时间,帮助一个农夫吊水,换了一杯牛奶给爸爸喝,还把剩下准备买一件新衣服的四角钱给了生病躺在医院的仙女妈妈。结果,一夜之间,他不再是木偶了,他变成了一个活泼、灵巧的生着黑头发和明亮大眼睛的男孩了。

这个故事中反复出现了三个人物,一个是穷爸爸,一个是仙女妈妈,另一个是会说话的蟋蟀,这三个人物反复在故事中告诫木偶匹诺曹做一个好孩子所必需的品行、道德,以及对待生活、学习、劳动应持的正确态

三色蝴蝶在飞

度,譬如,蟋蟀指出木偶离家出逃的危害时说:"那些不听话的孩子真糟,他们不肯听父母的话,呆笨地从家里逃出去。他们在世界上永远得不到幸福,迟早总有一天会懊悔的。"当蟋蟀听木偶说,一点也不喜欢读书时,蟋蟀说:"可怜的小蠢东西!难道你不知道,你这么会变成一头驴子,每个人都要嘲笑你的。"蟋蟀的话后来应验了。蟋蟀又说:"如果你不愿意到学校里去,那么干吗不学会一种本领,好正正当当取得面包吃呢?"木偶表示他的天性只想吃、喝、睡觉、玩儿,从早到晚过着安安逸逸的生活。蟋蟀耐心地说:"那些过着这样生活的,结果常常不是住在医院里,就是住在监牢里。"蟋蟀还劝告木偶不要听从狐狸与猫的鬼话,说:"我的孩子,你别相信那些一夜可以使你发财的话,这些人常常不是疯子就是骗子。听我的话,赶快回家吧。"又譬如,仙女与木偶的对话,木偶说:"啊,我做木偶已经做得厌透了,我要做一个人。"仙女说:"做到了应该做人的时候就会变人的。""真的吗?我怎样做才有资格呢?""那是容易的事。只要你自己做一个好孩子就是了。""啊,那么我现在不是好孩子!""完全不是。好孩子是肯听话的,而你却……""我从来不肯听话。""好孩子是喜欢学习和工作的,而你……""我喜欢玩儿,还要东跑西跑。""好孩子是经常说真实话的……""我老是说假话。"仙女鼓励木偶说:"有良心的孩子总是有希望的。即使他们有时候的行动很像无赖汉,可是他们还有终于走上正路的希望。"仙女还语重心长地说了一段话:"我的孩子,因想不

劳而获做了违法的事,这样的人结果不是在监牢就是在劳动改造所。每一个人不论他有钱或者没钱,都应该做点工作。那些懒汉是活该倒霉!懒惰是一种很坏的、可怕的毛病,应该赶早医治,否则到了年老的时候便永远不会治好了。"仙女妈妈的话充满着无限深情与爱,抚慰着这迷失顽童的心。

类似这样的对话,在作品中常不露痕迹、天衣无缝地出现,成了作品的一个不可或缺的部分,它们像点点荧光撒散在字里行间,闪烁着做一个真正的人必要的内在品质、精神和灵魂的美,同时凸显了社会美的美学价值。无怪乎许多读者,无论大人还是孩子都从中看到了自己的影子,懂得了一个最简单的社会真理:人心是脆弱的,也是容易迷失的。所以,《木偶奇遇记》之所以能在全世界的阅读量仅次于《圣经》和《古兰经》,就在于这部作品蕴涵着丰厚的社会美的内容,给世人包括孩子以更多的警示。

我离开佛罗伦萨时,陡见两堵古旧的高墙,狭窄的天空下,油亮发黑的石块路上有一行木偶匹诺曹尖尖的脚印。

绿野仙踪

莱曼·弗兰克·鲍姆

我去过美国西部,再来看美国儿童文学之父莱曼·弗兰克·鲍姆的传世童话《绿野仙踪》,却是有另一番感受。

1900年的一个夜晚,鲍姆给他的几个孩子讲故事,随讲随记在一些纸片上。他讲的是一个叫多萝茜的小女孩和她的小狗托托的奇怪经历。这天,一阵陡来的龙卷风把她们与小木屋像树一样连根拔起,刮飞到一个陌生而神奇的小人国——奥兹国,木屋正巧砸死了东方恶女巫,女孩成了小人国的英雄,并获得东方恶女巫的一双魔银鞋。女孩只想回家,

童心书系列

只想回到叔叔、婶婶身边,不愿留下来享受荣华富贵。后在北方善女巫的指点下,她去了翡翠城,寻找奥兹魔法师实现自己愿望。一路上,女孩结识了没头脑的稻草人,没有心脏的铁皮人和胆小的狮子。他们为了各自的心愿,一路同行,克服重重困难与危险,并战胜了西方恶女巫,最后在奥兹的帮助下,稻草人有了聪明的头脑,铁皮人有了一颗健康的心脏,狮子重新有了勇气。女孩也在南方善女巫的协助下,借助银鞋的魔力回到了亲人身边。这个故事就以《绿野仙踪》的书名出版了。

《绿野仙踪》虽然虚构想象了一个奥兹国与翡翠城,其实童话故事的真实背景是美国的中、西、南部地区,这是一个辽阔而壮美的地域,难怪有人称《绿野仙踪》是美国版的《西游记》。《绿野仙踪》在作品中展现了美国幅员广大的壮阔美与生态美。我在美国每天行程500千米,七天车行5 000多千米,走了中西部九个州:犹他州、怀俄明州、亚利桑那州、爱达荷州、内华达州、加利福尼亚州、科罗拉多州、南达科他州、蒙大拿州,亲眼目睹、体验了童话故事中所描绘的壮阔美与生态美,以及真实的地域文化与地域风貌。

《绿野仙踪》第一章中写到了旋风。这是美国中西部每年都要发生的、常见的龙卷风自然现象。我在美国得到如下龙卷风的知识:美国平均每天有5个龙卷风,每年有1 000至2 000个龙卷风。美国的龙卷风不仅数量多,而且强度大,因此美国被称为"龙卷风之乡"。美国东临大西

三色蝴蝶在飞

洋,西靠太平洋,南面有墨西哥湾,大量的水汽从东、西、南面流向美国大陆,水汽多就易导致雷雨云,当雷雨云积聚到一定强度后,龙卷风就形成了。3月至7月是美国龙卷风高发季节。而童话写的堪萨斯州正是龙卷风高发州。龙卷风的威力在童话中有具体描绘:"这屋子旋转了两三次,慢慢地升到天空中去了。""天空非常黑暗,风在四周可怕地怒吼着。"龙卷风将这屋子连同女孩与狗一下子都卷刮到了奥兹国,这奥兹国是现实中不存在的,但,真实的地理位置应是飞越了西部大沙漠才能到达的美国南方地域。这样估算起来龙卷风发生地点是美国中部堪萨斯州,飞过西部沙漠到南方,这大约数千公里的地方,按1900年的交通条件是遥不可及的地理位置。

接下来的故事从奥兹国到翡翠城并不遥远,但,女孩最后实现心愿回到亲人身边,还是靠一双银鞋的魔力飞过大漠降落在堪萨斯州草原。这大漠的无边无际,荒凉寂寞,我在美国西部坐在大巴士上每天有时前行七八个小时都见不到一块绿洲,见不到一座农舍,见不到一座城郭,如此之广阔无垠、茫茫一片的大漠,这是出乎我意料的,它的情景使我想起新疆的戈壁大漠,这单调的亚利桑那州峡谷大沙漠有13万平方千米,长满了柱状仙人掌,猫头鹰躲在仙人掌上,仙人掌林内出入一种西半球野猪,还有沙龟、大蝎子、发出嘎嘎声的响尾蛇和令人恐惧的大毒蜥蜴。还有莫哈比沙漠、大盐湖沙漠,静寂孤荒地长着矮小的骆驼草、一丛丛栎树

和椰树,还有人类为防止小动物跑上公路而建的低矮的拦网。我亲历了女孩多萝茜两次以不同方式飞渡的大沙漠,心想,任凭她如何顽强都是无法走过这茫茫无际的大漠的,是龙卷风害了她,又是一双魔银鞋帮了她。她被投入险境,又离开了险境。女孩终究没有去过沙漠,但是"她的一双银鞋子,在空中飞行时失落了,永远失落在沙漠中了"。

《绿野仙踪》中对美国中西部与南部的自然景观作了截然不同的描述,她原先的堪萨斯州大草原是这样的:那是"干燥的、灰色的草原",而南部的奥兹国又是另一番景象:"屋外满是可爱的一块块绿草地以及高大的树木,树枝上挂满红色饱满的果子;斜坡上到处长着奇花异草,鸟儿在树林团和灌木丛鼓翼飞舞;离这儿不远的地方有一条淙淙流淌的小溪。"我在美国中西部看到的土地是干燥而显沙砾状的,种的牧草也不肥壮油绿,而是灰灰的,并不精神,哪怕住宅门前的绿化也稀稀落落且不丰茂。一到西南部景象大不一样,树叶就像涂了油一般泛着亮光。至于古森林,《绿野仙踪》第17章写到南方古森林的模样:"他穿过了矮丛林,走进另外一个森林中去。那里的树比他们以前见过的任何树木都要巨大和古老。""树林中一个空旷的地方,集合着数百只不同种类的野兽们。有老虎、象、熊、狼和狐狸,以及动物史上所有一切兽类。"我见到的古森林却是在黄石国家公园、优胜美地国家公园,这里的森林都在原始状态中生存着。生物完全遵循大自然的生存法则,丝毫无人工痕迹,只见青

松翠柏漫山遍野,万木生生灭灭,死树秃干寒风立,株株新松出山岩,四处青松围峭壁,八处泉眼吐白烟。随处可见擎天巨柱般的古柏苍松,随处可见焦土枯木之地蓬勃丛生的小松。山林中有灰熊、野牛、灰狼、狐狸、驼鹿、岩羊、毒蛇出入。身在其境会感叹自然生命自生自灭的悲壮美,会感悟大自然永生不灭的原生态美。这大概便是《绿野仙踪》的"绿野"蕴藏的含义出处了。

《绿野仙踪》中出现的女巫的形象,是作品情节与人物命运转折的关键人物。童话故事中有四个女巫,北方女巫与南方女巫是好女巫;东方女巫和西方女巫是恶女巫。东方女巫什么样子未见到,因为故事一开头,她就被龙卷风卷飞的小屋砸死了,只留下一双魔银鞋。另一个西方恶女巫,"只有一只眼睛",她颈项里挂有一个银笛,穿着一身带尖顶帽的灰色长袍,长相阴森可怖。她的魔力来自银笛和一顶金冠,银笛一吹就会出现恶狼、乌鸦、黑蜂,听从恶女巫命令群起而攻击,金冠一戴就会有一群带翅翼的飞猴在恶女巫指令下去杀戮。恶女巫虽魔法强大,但也有脆弱的命门,她怕水,因之,女孩给她从头到脚浇了一桶水,她就像糖一样溶化掉了。至于那两个好女巫,是两个漂亮的小女孩,你看,北方女巫的打扮"帽子是白色的,她还穿着一件白袍子,上面缀着许多闪烁着的小星星,在太阳光的照射下像晶莹的钻石,闪闪发光"。说起话来是"一种极好听的声音"。她的魔力是她在女孩多萝茜的前额吻留下一个又圆又

亮的记号。这个魔印使邪恶不敢近身,使妖魔看到害怕。它保护了女孩不受恶女巫伤害。南方女巫叫格林达,作品未交代她的长相,只在第十八章的标题里写着"慷慨的格林达",她起到最关键的作用,继续施展金冠的魔法,让飞猴三次出现将稻草人、铁皮人、小狮子送到翡翠城、奥兹国、古森林当国王、皇帝、大王去了。又指点女孩穿上银鞋互撞三次,魔力就将女孩带回了家乡。

　　女巫在美国是一种文化,这种文化充满了神秘性与原始性。我在南达科他州见到用一座花岗岩山雕塑的石像,这是为纪念印第安英雄疯马而设的一尊170米高的巨石雕像。疯马为保卫自己的家园率1 800多名部落勇士与美军第7军团在小巨焦决战,结果第7军团统帅乔治·卡斯特战死,全军覆没。后美军报复,杀光了部族的人与牛马,疯马也遭杀害。"疯马"雕像是20世纪30年代的拉科达族酋长亨利·斯坦丁比尔的设想,他想让全世界的人都知道"印第安人也有伟大的英雄"。这项工程巨大,从1948年动工至今还未完成。在雕像附近有一个印第安人文化纪念馆,我在那里看到了印第安人的女巫,这是一些头戴牛角或插着野雉羽毛的年老的女人。印第安人的女巫与邪恶毫无关系,这是一种崇高的职业,似乎是大地之母,是智慧女神的化身。她们能通晓治病疗伤的药草、能够预知自然天象。她们所用的东西为:魔印、药草、人偶、宠物、法器、香油。《绿野仙踪》中北方女巫的吻印就是魔印,东方女巫的魔

银鞋、西方女巫的银笛与金冠是法器。印第安女巫的巫术应用常常是祈求帮助、招魂、诅咒、驱鬼、避邪等。印第安女巫帮族人逢凶化吉、去疾除灾,是德高望重的幸运女性,受到族人崇敬的人。这与一般意义上将女巫等同于恐怖与邪恶有所不同,也就是说这种女巫是好女巫,就像《绿野仙踪》中的南方女巫与北方女巫一样。

《绿野仙踪》这部童话究竟向孩子传达了什么思想意义呢?经过我去美国的考察,我觉得至少传达了两层内涵:一层意思是与女孩同行的稻草人、铁皮人、小狮子本是缺脑、无心、胆怯的孩子,经过一番艰险猎奇后,他们有了智慧脑、善良心、勇敢胆,后来都成了国王、皇帝、大王,这就告诉人们,我们孩子只要有智慧脑、善良心、勇敢胆就会担当大任,哪怕是国王、皇帝、大王也能做。另一层意思是作品中写了龙卷风、沙漠、古森林、女巫这些大自然的力量与原始生态的现象,展现了大自然的壮阔美、原始的生态美。其意是不论好坏这是他们的家园,这家园永远是美好的。所以,女孩多萝茜宁可不要金冠,不要魔银鞋,也执意要回到有谷仓、农舍的堪萨斯州大草原,因为那里有她的亲人叔叔与婶婶,因为那是她的家乡。"守住自己家园这片土地",这是《绿野仙踪》最深沉的原意。

图书在版编目(CIP)数据

三色蝴蝶在飞 / 张锦江著. —上海：中国中福会出版社, 2018.7（2020.6重印）
（童心书系列）
ISBN 978-7-5072-2655-3

Ⅰ.①三… Ⅱ.①张… Ⅲ.①读书笔记-中国-现代 Ⅳ.①G792

中国版本图书馆 CIP 数据核字（2018）第 161929 号

童心书系列
三色蝴蝶在飞
张锦江　著

出 品 人	余　岚
责任编辑	张玉霞
装帧设计	钦吟之

出版发行	中国中福会出版社
社　　址	上海市常熟路 157 号
邮政编码	200031
销售热线	15255555521
经　　销	全国新华书店
印　　制	三河市人民印务有限公司
开　　本	787mm×1092mm　1/16
印　　张	9
字　　数	74 千字
版　　次	2020 年第 1 版
印　　次	2020 年 6 月第 3 次印刷
书　　号	ISBN　978-7-5072-2655-3/G・894
定　　价	32.80 元